Walter Kleesattel

Biologie des Menschen

POCKET TEACHER

D1983554

Cornelsen SCRIPTOR

Der Autor
Dr. Walter Kleesattel unterrichtet Biologie und Geographie an einem Gymnasium. Daneben ist er als Autor von Schulbüchern sowie als Berater bei naturwissenschaftlichen Fernsehdokumentationen tätig.

Cornelsen online http://www.cornelsen.de

Gedruckt auf chlorfrei gebleichtem Papier
ohne Dioxinbelastung der Gewässer.

Die Deutsche Bibliothek – CIP-Einheitsaufnahme

Kleesattel, Walter:
Biologie des Menschen / [Walter Kleesattel]. - Berlin : Cornelsen Scriptor, 1999
(Pocket Teacher)
ISBN 3-589-21253-5

Dieses Werk berücksichtigt die Regeln
der reformierten Rechtschreibung und Zeichensetzung.

5.	4.	3.	2.	1.✓	Die letzten Ziffern bezeichnen
03	02	01	2000	99	Zahl und Jahr des Drucks.

Redaktion: Maria Bley, Vaterstetten
Typographie & Herstellung: Julia Walch, Bad Soden
Umschlagentwurf: Vera Bauer, Berlin
Zeichnungen: Udo Kipper, Darmstadt
Druck- und Bindearbeiten: Clausen & Bosse, Leck
Printed in Germany
ISBN 3-589-21253-5
Bestellnummer 212535

Inhalt

Vorwort

Liebe Schülerinnen, liebe Schüler!

Der handliche POCKET TEACHER bringt euch viele Vorteile: Er informiert knapp und genau. Regeln, Erklärungen, Beispiele, Tabellen – alles ist übersichtlich geordnet und leicht verständlich.

Ihr könnt die gewünschten Infos am schnellsten über das Stichwortverzeichnis am Ende jedes Bandes finden.
– Stichwort vergessen? Dann schaut ihr am besten ins Inhaltsverzeichnis und sucht im entsprechenden Kapitel nach dem Wort.

Im Text eurer POCKET TEACHER findet ihr viele farbige Pfeile wie diesen: ↗. Sie verweisen auf andere Stellen im Buch, wo ihr weitere Informationen zum selben Thema findet.

Der POCKET TEACHER Biologie des Menschen erklärt den wichtigsten Stoff zum Thema Menschenkunde, den ihr in der Sekundarstufe I braucht, und veranschaulicht ihn durch viele Zeichnungen.

Außerdem gibt er viele weiterführende Informationen und Hilfen:

? **Überlege:** Unter diesem Stichwort findet ihr Fragestellungen, die euch bei der Vorbereitung von Tests und Prüfungen helfen können.

→ **Vernetzung:** Der Pfeil am Rand verweist auf andere Fächer, in denen das Thema weiterführend behandelt wird.

Und dieses Symbol kennzeichnet nützliche Infos zum Thema Gesundheit.

Natürlich kann die POCKET TEACHER-Reihe ausführliche Schulbücher mit Übungen und Beispielen nicht ersetzen. Das soll sie auch nicht. Sie ist eure Merkhilfe-Bibliothek für alle Gelegenheiten, besonders für Hausaufgaben oder für die Vorbereitung auf Tests und Prüfungen.

Stammes-geschichte

1 Mensch und Menschenaffen im Vergleich

Der Mensch stammt zwar nicht vom Affen ab, aber die vielen Gemeinsamkeiten zwischen Mensch und Menschenaffen sind nur damit zu erklären, dass beide gemeinsame Vorfahren haben.

1.1 Gemeinsamkeiten

Menschen, Menschenaffen, Tieraffen und Halbaffen werden in der Ordnung *Primaten* (lat. = Herrentiere) zusammengefasst. Alle Primaten haben Greifhände und nach vorne gerichtete Augen, mit denen räumliches Sehen möglich ist. Das Gehirn ist im Verhältnis zum Körper groß, der Nachwuchs wird intensiv und lange betreut.
Von allen Tieren sind die Menschenaffen (Orang Utan, Gorilla und Schimpanse) dem Menschen am ähnlichsten. Die Chromosomen gleichen sich weitgehend, Menschen haben jedoch 46 in jeder Körperzelle, Menschenaffen dagegen 48. ↗ Zelle, S. 36
Auffällig ist auch die Übereinstimmung beim Bau von Makromolekülen wie dem Blutfarbstoff Hämoglobin.
Bei Mensch und Menschenaffen sind die Schulterblätter nach hinten verlagert, wodurch die Arme sehr beweglich sind. Auch die Menschenaffen benutzen ihre Vordergliedmaßen nicht nur zur Fortbewegung, sondern führen mit ihnen die Nahrung zum Mund. Menschenaffen können zeitweise aufrecht gehen, setzen aber dabei die Füße nicht mit der ganzen Sohle auf.
Die Gebisse von Mensch und Menschenaffen stimmen in der Zahnformel und im Bau der Backenzähne überein.
Im Großhirn sind bei beiden die Bewegungsfelder und das Sehzentrum besonders gut entwickelt. ↗ Gehirn, S. 70

1.2 Sonderstellung des Menschen

Skelettmerkmale. Mit dem Erwerb des aufrechten Ganges einher ging eine Umformung des menschlichen Skeletts. Die Hände des Menschen dienen nicht zur Fortbewegung. Die Wirbelsäule bildet einen federnden doppelt S-förmig gekrümmten Stab. Der Brustkorb des Menschen ist verbreitert und abgeflacht. So liegt der Schwerpunkt des Körpers auf der Körperachse. Die Schulterblätter liegen noch weiter hinten als beim Menschenaffen. Das Becken ist schüsselförmig gebaut und kann so die Eingeweide tragen. Um ein Abknicken des Skeletts zu verhindern sind die Gesäß- und Wadenmuskeln besonders kräftig entwickelt.

Der Mensch ist ein Sohlengänger, die Fußsohle ist gewölbt, wodurch Erschütterungen beim Gehen abgefedert werden.

Die Hand des Menschen ist wenig spezialisiert und darum vielseitig einsetzbar. Der Daumen kann jedem anderen Finger gegenübergestellt werden, sodass die Hand gut greifen und präzise arbeiten kann. ↗ Bewegungssystem, S. 87

Der Gehirnschädel des Menschen ist steil nach oben gewölbt und größer als der Gesichtsschädel. Das Hinterhauptsloch, die Ansatzstelle der Wirbelsäule, liegt in der Mitte der Schädelbasis. So befindet sich der Schädel in einer günstigen Schwerpunktslage.

Die Zähne des Menschen bilden eine geschlossene Reihe. Anders als bei den Menschenaffen unterscheiden sich seine Eckzähne kaum von den Schneidezähnen.

Geistige und kulturelle Merkmale. Das menschliche Gehirn ist äußerst kompliziert gebaut und sehr leistungsfähig. Ein besonderes Sprachzentrum ermöglicht eine abstrakte Wortsprache. Es befähigt den Menschen zu Denk- und Lernprozessen, zu denen nur er in der Lage ist. ↗ Gehirn, S. 70

Zwar benutzen auch Menschenaffen gelegentlich Stöcke oder Steine als Werkzeug, die Werkzeuge des Menschen sind aber weitaus vielseitiger gestaltet und nur der Mensch kann gezielt mit Feuer umgehen. Darüber hinaus schafft er sich seine Werkzeuge für Situationen, die erst in der Zukunft eintreten können.

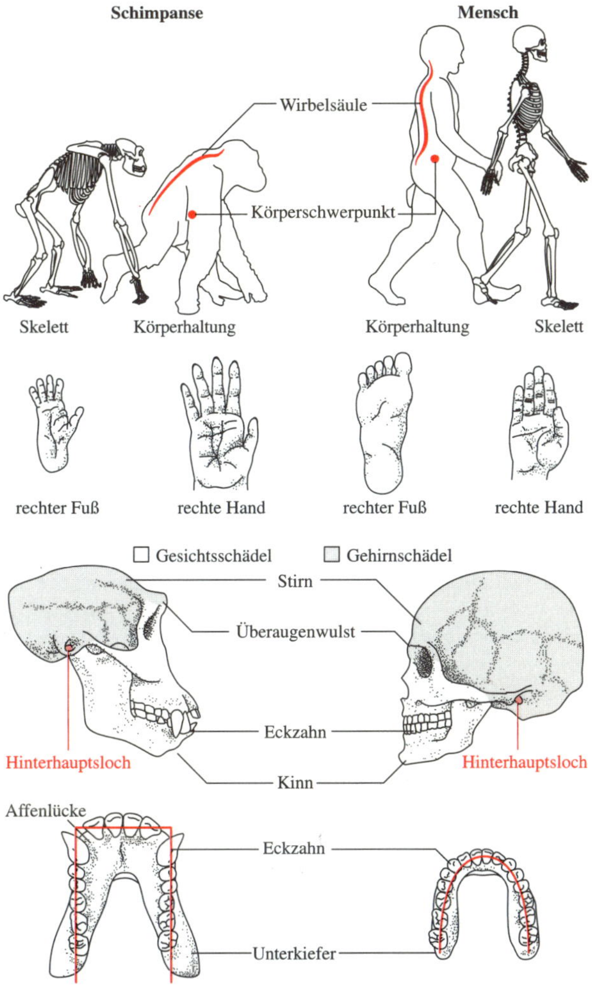

Schimpanse und Mensch im Vergleich

Der Mensch erinnert sich seiner Vergangenheit und plant für die Zukunft. Er kann Erfahrungen auf neue Situationen übertragen, Folgen von Handlungen gedanklich vorwegnehmen und seine Umwelt nach seinen Bedürfnissen gestalten.
Der Mensch ist das einzige Lebewesen, das seine Toten bestattet und religiöse Vorstellungen entwickelt hat.
Vernetzung: Religionslehre, Ethik, Sozialkunde

1.3 Menschenaffen

In zahlreichen Merkmalen unterscheiden sich die Menschenaffen vom Menschen. So haben Menschenaffen eine vorspringende Schnauze, ihr Kehlkopf ist nicht zum Sprechen geeignet und ihr Gehirn besitzt kein Sprachzentrum.
Während Menschen sich unterschiedlichsten Lebensräumen anpassen können, sind Menschenaffen stark an einen bestimmten Lebensraum abgepasst. So ermöglichen dem *Orang Utan* seinen langen Arme und Greifhände eine hangelnde Fortbewegung im Geäst des Waldes, *Gorillas* verbringen mehr Zeit am Boden, *Schimpansen* sind dagegen gute Kletterer, halten sich aber auch viel am Boden auf. Schimpansen setzen u. a. Äste und Grashalme als Werkzeuge ein.
Von Bedeutung für die Zuordnung fossiler Funde sind u. a. auch die Zahnlücke im Unterkiefer der Menschenaffen sowie Überaugenwülste und Scheitelkamm, die bei ihnen als Ansatzstellen der Kaumuskeln stark ausgebildet sind.

Überlege: In einer Tabelle lassen sich Gemeinsamkeiten und Unterschiede von Mensch und Menschenaffen darstellen. Es empfiehlt sich dabei, körperliche, geistige und kulturelle Merkmale zu unterscheiden.

2 Meilensteine der Menschwerdung

Fossile Funde wie Skelettreste geben Information über die Entwicklung zum Menschen: Schädelfunde lassen Schlüsse über die Gehirngröße und die geistigen Fähigkeiten zu, Reste des Beckens geben Auskunft über die Fortbewegungsweise. Besonders gut erhaltene Fossilien sind Zähne.

Werkzeuge des Menschen und andere Spuren seiner Tätigkeit wie Höhlenmalereien und Grabbeigaben sind erst aus jüngerer Zeit bekannt.

2.1 Die Wurzeln der Menschheit

Wertet man alle Funde aus, lassen sich zwei Entwicklungslinien erkennen, von denen eine zum Menschen, die andere zu den Menschenaffen führt.
Vor etwa 35 Millionen Jahren lebte *Propliopithecus,* ein Tier so groß wie ein Rhesusaffe. Aufgrund des Baus seiner Backenzähne gilt er als gemeinsamer Vorfahre von Menschen und Menschenaffen.

2.2 Die Entwicklung zum heutigen Menschen

Ausgangspunkt der Entwicklung zum Menschen waren schimpansenähnliche Vorfahren, die in Ostafrika auf Bäumen lebten. Ein bekannter Fund, der etwa 25 Millionen Jahre alt ist, wurde *Aegyptopithecus* genannt.

Durch klimatische Veränderungen wurde der Urwald zurückgedrängt, Savannen (Graslandschaften) entstanden. Im Verlauf von Jahrmillionen entwickelten diese Vorfahren des Menschen, zu denen auch die Form *Proconsul* zählt, den aufrechten Gang. Er erwies sich in der offenen Landschaft als Vorteil.

Vormenschen aus der Gruppe der *Australopithecinen* (lat. Australo = südlich, pithecus = Affe) zählen zu den ältesten Menschenähnlichen, die wir kennen. Fossilien dieser Vormenschen wurden in Ostafrika gefunden. Sie sind zwischen 4,5 und 1 Million Jahre alt. Das Gebiss der Australopithecinen war menschenähnlich und der Bau des Beckens, des Fußes sowie des Hinterhauptsloches lassen den Schluss zu, dass sie aufrecht gehen konnten. Ihr Gehirn war aber kaum größer als das eines Schimpansen. Wahrscheinlich konnten sie schon einfache Steinwerkzeuge herstellen. Der bekannteste Fund, *Australopithecus afarensis,* war etwa einen Meter groß. Australopithecinen gelten als Bindeglied zwischen Tier und Mensch.

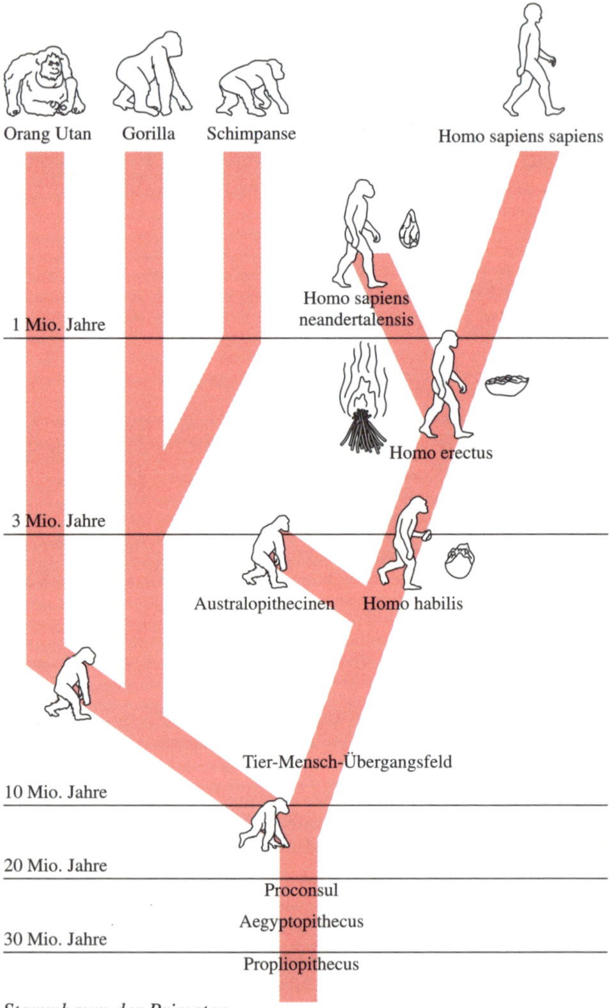

Stammbaum der Primaten

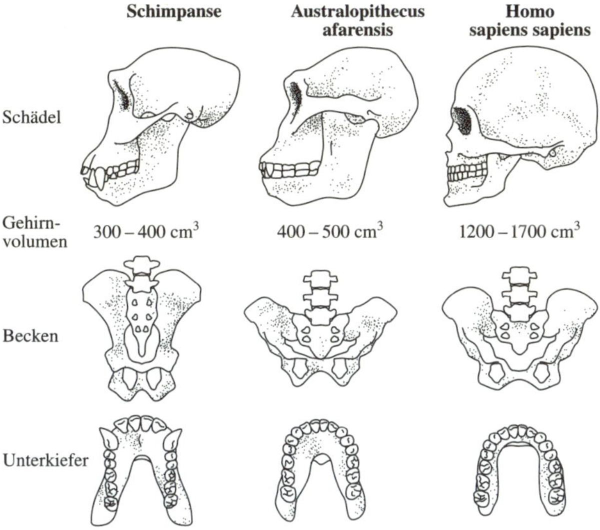

Vergleich von Skelettmerkmalen

Die Zeit vor etwa 6–2 Millionen Jahren, in der sich aus Tieren allmählich Menschen entwickelten, nennt man *Tier-Mensch-Übergangsfeld.*

Überlege: Das Tier-Mensch-Übergangsfeld ist charakterisiert durch eine beginnende Größenzunahme des Gehirns, einen wahrscheinlich erstmaligen Werkzeuggebrauch und die Entwicklung des aufrechten Ganges. Warum kennzeichnen gerade diese Merkmale die Entwicklung zum Menschen?

2.3 Die Gattung Mensch

Der erste eigentliche Vertreter der Gattung Mensch war *Homo habilis* (lat. Homo = Mensch, habilis = geschickt), an seinen Fundstätten in Ostafrika entdeckte man bearbeitete Steinwerkzeuge. Ihr Alter wird auf rund 2,5 Millionen Jahre geschätzt.

Etwa 1,8 Millionen Jahre alt sind die ältesten Funde des *Homo erectus* (lat. erectus = aufgerichtet). Er konnte verschiedene Werkzeuge aus Feuerstein herstellen, um mit ihnen Tiere zu erlegen oder Fleisch zu zerteilen, und er benutzte das Feuer. Überreste von ihm fand man außer in Ostafrika auch in Asien und Europa.
Durch allmähliche Artumbildung entstand aus Homo erectus der *Homo sapiens* (lat. sapiens = weise). Man fand verschiedene Zwischenformen. Aus einer entwickelte sich in Europa der *Neandertaler*. In Afrika entstand etwa gleichzeitig die Ausgangsform, die zum Jetztmenschen führte.
Die ältesten Funde der Art *Homo sapiens* sind etwa 400.000 Jahre alt. Er unterscheidet sich vom Homo erectus durch ein deutlich größeres Gehirnvolumen und feiner bearbeitete Steinwerkzeuge. Von ihm kennt man Begräbnisstätten, was darauf hindeutet, dass er religiöse Vorstellungen entwickelte.
Der Neandertaler wurde vom *modernen heutigen Menschen* verdrängt, der heute in verschiedenen Rassen die Erde besiedelt.
Alle heute lebenden menschlichen Rassen stimmen in der überwiegenden Zahl ihrer Merkmale überein, sie sind gleichwertig und bilden die biologische Art *Homo sapiens sapiens*.

Überlege: Die Größe des Gehirns lässt Rückschlüsse auf die geistigen Fähigkeiten zu, kann aber nicht als einziges Kriterium für die Entwicklungshöhe gelten. Auf Grund welcher weiteren Merkmale sollte ein Fund der Gattung *Homo* zugeordnet werden?

2.4 Kulturelle Entwicklung

Kulturfossilien wie Werkzeuge, Höhlenmalereien und Grabbeigaben zeigen den Verlauf der *kulturellen Entwicklung*. Nach Art und Bearbeitung des hauptsächlich verwendeten Rohstoffes unterscheidet man zwischen *Altsteinzeit, Jungsteinzeit, Bronzezeit* und *Eisenzeit*. Die kulturelle Entwicklung verläuft schneller als die biologische Evolution, der Mensch kann sich den rasanten Entwicklungen heute oft nur schwer anpassen. ↗ Verhalten, S. 80

3 Beweise für Verwandtschaft

Ähnlichkeiten in der Gestalt beruhen vielfach darauf, dass Lebewesen miteinander verwandt sind, also von den gleichen Vorfahren abstammen. Je größer der zeitliche Abstand zu den Vorfahren ist, umso unähnlicher sind die Nachfahren.
Für die stammesgeschichtliche Entwicklung *(Evolution)* aller Lebewesen gibt es zahlreiche Beweise: Dazu zählen Übereinstimmungen zwischen Vorfahren und Nachfahren, Zwischenformen mit Merkmalen von Vorfahren und Nachfahren, Entwicklungsreihen zu einer Höherentwicklung sowie Ähnlichkeiten im mikroskopischen und molekularen Bereich.

Überlege: Die nähere Betrachtung eines Schimpansen bei einem Zoobesuch lässt viele Übereinstimmungen zwischen Menschenaffen und Menschen deutlich werden, aber auch zahlreiche Unterschiede. Welches sind die typisch menschlichen Merkmale und Fähigkeiten?

4 Ursachen für Evolution

Als treibende Kraft der stammesgeschichtlichen Entwicklung der Lebewesen erkannte *Charles Darwin* (1809–1882) den Wettbewerb um Nahrung, Lebensraum und Geschlechtspartner, von ihm *Kampf ums Dasein* genannt. Durch eine natürliche Auslese, die er *Selektion* nannte, überleben diejenigen Individuen am ehesten, die ihrer Umwelt am besten angepasst sind. Darwin nannte zwei Grundvoraussetzungen für die Evolution: die Tatsache, dass Lebewesen mehr Nachkommen erzeugen, als zur Erhaltung der Art notwendig sind *(Überproduktion),* sowie die *Veränderlichkeit des Erbgutes.* Diese Erkenntnisse sind bis heute unbestritten.
Änderungen des Erbgutes *(Mutationen)* und die *Neukombination* der Gene bei der geschlechtlichen Fortpflanzung vergrößern die genetische Vielfalt und damit die Unterschiedlichkeit der Lebewesen beträchtlich. ↗ Vererbung, S. 28

Fortpflanzung und Entwicklung

1 Mann und Frau

1.1 Die primären Geschlechtsmerkmale

Geschlechtsorgane sind angeborene Unterscheidungsmerkmale von Mann und Frau, *primäre Geschlechtsmerkmale* die von Geburt an vorhandenen Geschlechtsorgane.

- Äußerlich erkennbare Geschlechtsorgane sind beim Jungen und Mann das *Glied (Penis)* und der *Hodensack* mit den beiden Hoden. Im Körperinnern befinden sich die *Samenleiter,* die *Nebenhoden,* die *Bläschendrüse* und die *Vorsteherdrüse (Prostata).* Im männlichen Glied liegen *Schwellkörper,* die sich bei geschlechtlicher Erregung mit Blut füllen und das Glied steif werden lassen. Der Harnleiter, der aus der Harnblase herausführt, vereinigt sich mit dem Samenleiter zum *Harnsamenleiter.*
- Beim Mädchen und bei der Frau sind die *Schamlippen* äußerlich sichtbar. *Scheide (Vagina), Gebärmutter (Uterus), Eileiter* und *Eierstöcke* liegen im Körperinnern. Der *Kitzler (Klitoris),* der im vorderen Bereich zwischen den Schamlippen liegt, und die Schamlippen enthalten Schwellkörper, die sich bei geschlechtlicher Erregung vergrößern.

1.2 Die sekundären Geschlechtsmerkmale

Mit Einsetzen der Pubertät entwickeln sich die *sekundären Geschlechtsmerkmale*. Ein auffälliges Merkmal ist die Behaarung der Schamgegend und der Achselhöhle.

- Typische männliche Merkmale sind muskulöser Körperbau, schmales Becken, Bartwuchs und tiefe Stimme.
- Typische weibliche Merkmale sind breitere Hüften und entwickelte Brüste.

1.3 Die tertiären Geschlechtsmerkmale

Tertiäre Geschlechtsmerkmale sind erworbene Merkmale. Sie beruhen auf der Erwartung der Gesellschaft an die Rolle der Geschlechter. Hierzu zählen Merkmale der Kleidung, der Frisur und des Verhaltens. Diese Merkmale sind abhängig von der jeweiligen Gesellschaftsstruktur mit ihren Normen und Wertvorstellungen und von der Mode.

Hygiene und Intimhygiene: Regelmäßige Körperpflege reinigt und pflegt den Körper und trägt zu seiner Gesunderhaltung bei.

2 Die Pubertät

2.1 Reifezeit

Etwa zwischen dem 10. und 12. Lebensjahr setzt die *Pubertät* (Reifezeit) ein, in der aus einem Mädchen eine Frau, aus einem Jungen ein Mann wird. Die sekundären Geschlechtsmerkmale entwickeln sich, der kindliche Körper nimmt in den folgenden Jahren durch schnelles Wachstum die Gestalt des Erwachsenen an. Schweiß- und Talgdrüsen arbeiten verstärkt. Auch das seelische Leben erfährt eine Veränderung. Bei Mädchen dauert die Pubertät gewöhnlich bis zum 16. und 17. Lebensjahr, bei Jungen ein bis zwei Jahre länger.

Wenn die Ausfuhrgänge der Talgdrüsen verstopfen, können sich Mitesser und Pickel bilden. Spezielle Reinigungslotionen und der Verzicht auf besonders fett- und salzhaltige Speisen können helfen – in schwierigen Fällen ein Hautarzt.

2.2 Die Rolle der Hormone

Die Veränderungen während der Pubertät werden durch Hormone ausgelöst. Eingeleitet wird die Pubertät vom Gehirn: Ein Teil des *Zwischenhirns* wirkt über Hormone auf die Hirnanhangsdrüse ein. Die *Hirnanhangsdrüse (Hypophyse)* gibt daraufhin verstärkt Hormone ab, die die Keimdrüsen (Hoden und Eierstöcke) zur Bildung von Sexualhormonen anregen. ↗ Hormondrüsen und Hormone, S. 74

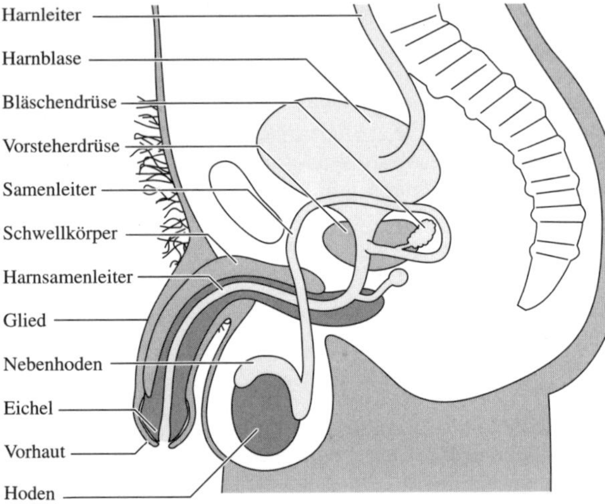

Männliche Geschlechtsorgane

Organ	***Funktion***
Hoden	*Bildung der Spermien, Hormonbildung*
Nebenhoden	*Speicherung der Spermien*
Samenleiter und Harnsamenleiter	*Transport der Spermien*
Hodensack	*Schutz der Hoden*
Bläschendrüse und Vorsteherdrüse	*Absonderung von Flüssigkeit für die Beweglichkeit der Spermien*
Glied	*Eindringen in die Scheide beim Geschlechtsverkehr*
Eichel	*sexuelles Reizzentrum*
Vorhaut	*Schutz der Eichel*

- Beim Jungen werden in den Hoden nun vermehrt *männliche Geschlechtshormone (Androgene)* gebildet, hauptsächlich das *Testosteron*. Sie bewirken die Entwicklung der sekundären männlichen Geschlechtsmerkmale und die Bildung von Samenzellen.

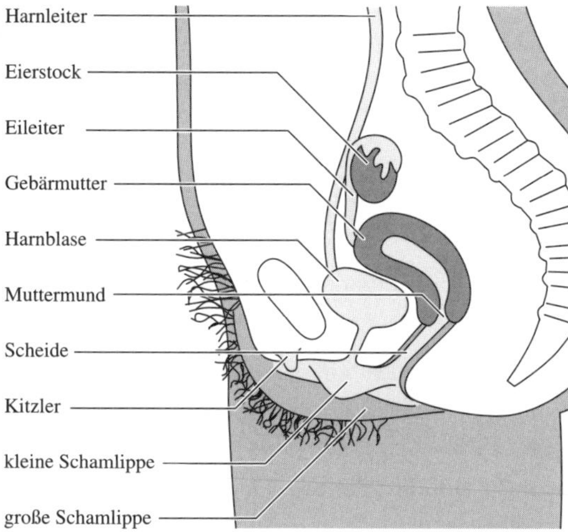

Weibliche Geschlechtsorgane

Organ	***Funktion***
Eierstöcke	*Reifung der Eizelle, Follikelreifung, Hormonbildung*
Eileiter	*Transport der reifen Eizelle, Ort der Befruchtung*
Gebärmutter	*Aufnahme und Versorgung des Keims*
Scheide	*Aufnahme des Gliedes beim Geschlechtsverkehr; Geburtskanal*
Kitzler	*sexuelles Reizzentrum*
Schamlippen	*Schutz der inneren Geschlechtsorgane*

- Beim Mädchen werden jetzt in den Eierstöcken vermehrt *weibliche Geschlechtshormone* gebildet, wobei die *Östrogene (Follikelhormone)* die Ausbildung der sekundären weiblichen Geschlechtsmerkmale bewirken und die Gebärmutterschleimhaut anwachsen lassen.

Die Sexualhormone wirken wiederum auf Zwischenhirn und Hypophyse ein und können die Hormonproduktion der Hypophyse hemmen. Schließlich stellt sich eine fein abgestimmte Wechselwirkung zwischen Hypophyse und Keimdrüsen ein.
↗ Regelkreise im Körper, S. 78

Durch seelische Reaktionen – beispielsweise in Stress-Situationen – kann über das Zwischenhirn die hormonelle Regelung beeinflusst werden.
Sobald beim Jungen die Produktion von Samenzellen eingesetzt hat, kommt es hin und wieder zu ungewolltem nächtlichem Samenerguss.
Beim Mädchen kommt es mit dem Heranreifen der ersten befruchtungsfähigen Eizelle zur ersten Regelblutung.

3 Die Bildung der Keimzellen

3.1 Bildung der Spermien

Unter der Wirkung des Testosterons reifen in den *Hodenkanälchen* der Hoden die *Spermien (Samenzellen)* heran, die in den *Nebenhoden* gespeichert werden. Bei der Bildung der Spermien kommt es zu Zellteilungsvorgängen, den *Reifeteilungen.*
↗ Vererbung, S. 37
Spermien zählen zu den kleinsten menschlichen Zellen. Im Kopfteil des Spermiums liegt das Erbgut. Das Mittelstück liefert Energie für die Beweglichkeit des Schwanzfadens. Der Schwanzfaden verleiht dem Spermium eine Schwimmgeschwindigkeit von 3 mm pro Minute. Jeder *Samenerguss (Pollution)* enthält Drüsensekrete und etwa 200–300 Millionen Spermien. Nach dem Samenerguss sind die Spermien noch etwa 48 Stunden lebensfähig.

3.2 Reifung der Eizelle

Die weibliche *Eizelle* reift innerhalb des Eierstocks in einem *Eibläschen (Follikel)* heran. Durch die Zellteilungsvorgänge der Reifeteilungen wird sie zu einer befruchtungsfähigen Eizelle. ↗ Vererbung, S. 39

Das Heranreifen der Eizelle dauert etwa 14 Tage. Danach platzt der Follikel und die Eizelle wird vom Trichter des *Eileiters* aufgenommen. Nach diesem *Eisprung* bleibt die Eizelle etwa 4–6 Stunden befruchtungsfähig. Sie wird im Laufe von 3–4 Tagen vom Eileiter zur Gebärmutter transportiert.

3.3 Der weibliche Zyklus

Nach der ersten Regelblutung dauert es bis zu zwei Jahren, bis sich ein regelmäßiger *Zyklus* von Eireife und Monatsblutung eingestellt hat. Dieser Zyklus wird vom Nervensystem und von Hormonen gesteuert.

Die Reifung des Follikels und der Eisprung werden durch die Hormone *FSH (follikelstimulierendes Hormon) und LH (luteinisierendes Hormon)* angeregt. Beide Hormone werden in der Hypophyse (Hirnanhangsdrüse) gebildet.

Der Follikel bildet nun *Follikelhormone,* die *Östrogene*. Diese regen die Gebärmutterschleimhaut zum Wachstum an. Gleichzeitig beeinflussen sie die Menge der FSH- und LH-Bildung in der Hypophyse. Bei einem bestimmten Verhältnis von FSH und LH platzt der Follikel, es kommt zum *Follikel-* oder *Eisprung (Ovulation).* Zum Zeitpunkt des Eisprungs steigt die Körpertemperatur der Frau um etwa 0,5 °C an.

Nach dem Eisprung wandeln sich die Reste des Follikels zum *Gelbkörper* um. Der Gelbkörper bildet das *Gelbkörperhormon Progesteron.* Das Progesteron sorgt dafür, dass die Gebärmutterschleimhaut weiterwächst und schließlich von vielen Blutgefäßen durchzogen und mit Nährstoffen und Schleim angereichert ist. Die Gebärmutterschleimhaut ist nun für die Aufnahme eines befruchteten Eies vorbereitet.

Progesteron und Östrogene wirken hemmend auf die FSH- und LH-Ausschüttung der Hypophyse.

Hat *keine* Befruchtung stattgefunden, verkümmert der Gelbkörper, die Progesteronbildung geht zurück. Jetzt wird die Gebärmutterschleimhaut abgestoßen, es kommt zur *Regelblutung (Periode* oder *Menstruation).* Die Regelblutung erfolgt etwa 14 Tage nach dem Eisprung und dauert etwa 3–5 Tage. Etwa 14 Tage nach Beginn der Regelblutung wird im anderen Eierstock wieder eine befruchtungsfähige Eizelle herangereift sein.

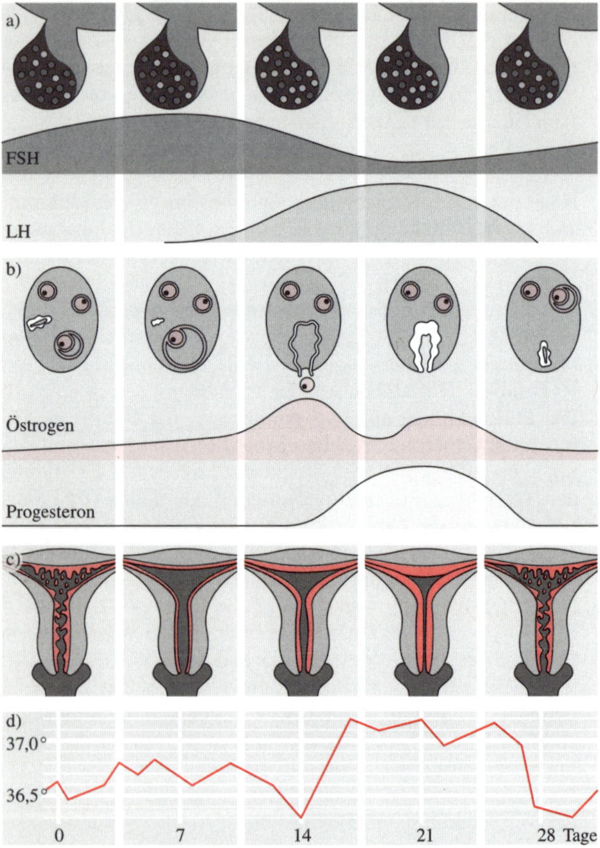

Vorgänge beim weiblichen Zyklus:

a Während des Zyklus von der Hypophyse gebildetes FSH und LH

b Heranreifen des Follikels, Eisprung und Gelbkörperbildung; Östrogen- und Progesteronbildung im Eierstock

c Heranwachsen der Gebärmutterschleimhaut, Schleimhautabstoßung und Regelblutung

d Kurve der Körpertemperatur während des Zyklus

Überlege: In einer Tabelle lassen sich die am Zyklus beteiligten Hormone mit Bildungsort und Wirkung aufführen. Mit Pfeilen können dann die Einflüsse der aufgeführten Hormone dargestellt werden.
Wodurch wird die Zu- und Abnahme der Hormonmengen während des Zyklusses bewirkt?

Während der Menstruation sind Blutgefäße in der Gebärmutterschleimhaut eingerissen. Die Gefahr einer Infektion ist jetzt besonders groß. Menstruationshygiene ist daher sehr wichtig.

4 Fortpflanzung und Keimesentwicklung

4.1 Geschlechtsverkehr und Befruchtung

Bei der geschlechtlichen Vereinigung von Mann und Frau kommt es beim Mann zur Ausstoßung von Samenflüssigkeit mit Spermien. In etwa 45 Minuten wandern die Spermien durch die Gebärmutter zum Eileiter. Trifft ein Spermium auf eine befruchtungsfähige Eizelle, dringt der Kopfteil durch die Zellmembran der Eizelle. Unmittelbar danach verdickt sich die Zellhaut der Eizelle und es können keine weiteren Spermien in die Eizelle eindringen. Die Zellkerne von Samenzelle und Eizelle verschmelzen. Die *Befruchtung (Zeugung* oder *Empfängnis)* ist vollzogen.
Mit der Befruchtung ist das Erbprogramm bestimmt, nach dem sich durch viele Zellteilungen und Zellspezialisierung ein neuer Mensch entwickelt.

4.2 Zwillinge

Zweieiige Zwillinge entstehen, wenn gleichzeitig zwei Eizellen im Eierstock heranreifen und befruchtet werden. Zweieiige Zwillinge sind sich so ähnlich wie andere Geschwister auch.
Eineiige Zwillinge entstehen aus derselben befruchteten Eizelle. Nach den ersten Zellteilungen trennt sich der Keim nochmals vollständig. Jeder Keimling hat dann die gleichen Erbanlagen und damit auch das gleiche Geschlecht. Eineiige Zwillinge haben große Ähnlichkeit miteinander. ↗ Vererbung, S. 28

4.3 Die Entwicklung von Embryo und Fetus

Gleich nach der Befruchtung im Eileiter finden die ersten Zellteilungen statt. Während der Keim sich weiter teilt, wandert er in Richtung Gebärmutter. Dort lagert er sich an die Gebärmutterschleimhaut an: er nistet sich ein. Nach der *Einnistung* bilden sich um den Keim, der jetzt *Embryo* genannt wird, schützende Fruchthüllen.

Gebärmutterschleimhaut und Hüllzellen des Embryos entwickeln sich zum *Mutterkuchen (Plazenta)*. Die Plazenta versorgt den Embryo, der jetzt heranwächst.

Von der Plazenta aus gelangen Sauerstoff und Nährstoffe aus dem mütterlichen Blut durch die Nabelschnur zum Embryo. Die Stoffwechselabfallprodukte werden über die Nabelschnur ins Blut der Mutter transportiert. Die Blutgefäßsysteme von Embryo und Mutter sind aber getrennt, es erfolgt kein Blutaustausch. Die Wände der kindlichen Blutgefäße trennen das Blut von Mutter und Kind, sie bilden die *Plazentaschranke*.

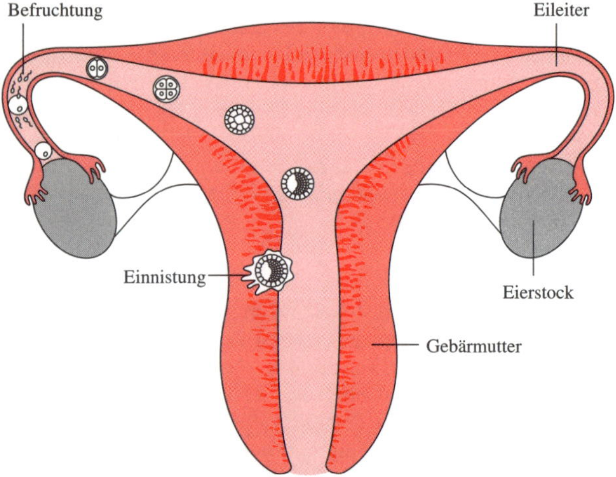

Befruchtung und Einnistung

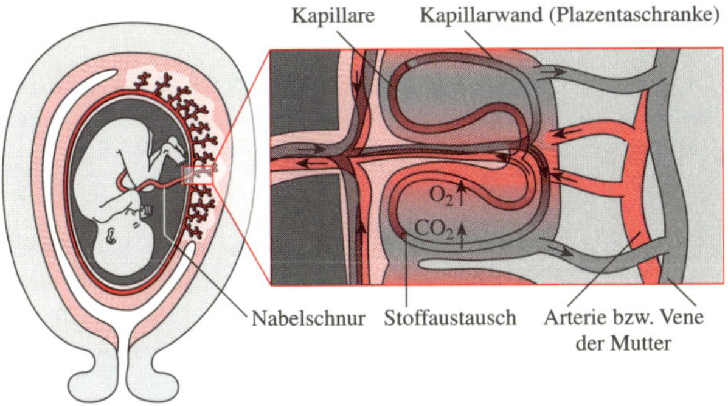

Plazentaschranke

Nach etwa 8–9 Wochen sind alle Organe des Embryos angelegt. Das im Mutterleib heranwachsende Kind wird ab jetzt *Fetus* genannt. Frühestens ab dem 7. Schwangerschaftsmonat sind die kindlichen Organe voll funktionsfähig. Bei medizinischer Betreuung hat ein Frühgeborenes jetzt gute Überlebenschancen.

Stoffe im Blut der Mutter, die für das werdende Kind gefährlich sind, können die Plazentaschranke überwinden. Nikotin, Alkohol, Medikamente, bestimmte Krankheitserreger und Umweltgifte gehören dazu. Es ist daher besonders wichtig, dass eine schwangere Frau sich verantwortungsvoll verhält und eine Belastung des werdenden Kindes vermeidet.

4.4 Schwangerschaft und Geburt

Die Schwangerschaft beginnt mit der Einnistung des Keimes und dauert etwa 280 Tage.
Während der Schwangerschaft bilden der Keim und die Gebärmutterschleimhaut das *Schwangerschaftshormon HCG* (Human-Chorion-Gonadotropin). Dieses Hormon bewirkt nun, dass weiterhin Östrogen und Progesteron gebildet wird, die Gebärmutterschleimhaut bleibt erhalten. Zugleich verhindert HCG die Bildung einer neuen befruchtungsfähigen Eizelle.

Die Milchdrüsen der Brust werden auf die Milchbildung eingestellt.
Das Hormon HCG lässt sich im Urin der schwangeren Frau nachweisen. Schon wenige Tage nach Ausbleiben der Regelblutung kann damit eine Schwangerschaft sicher festgestellt werden.

Röteln (eine Viruserkrankung) sind während der ersten Schwangerschaftsmonate für das werdende Kind besonders gefährlich und können zu Missbildungen führen. Daher sollte sich jedes Mädchen vorbeugend gegen Röteln impfen lassen. ↗ Körpereigene Abwehr, S.121
Während der Schwangerschaft sind regelmäßige ärztliche Untersuchungen wichtig. Die Ergebnisse dieser Vorsorgeuntersuchungen werden im Mutterpass festgehalten.

Die Geburt kündigt sich durch Wehen an. Dabei zieht sich die Gebärmuttermuskulatur unter dem Einfluss des Hormons *Oxytocin,* das in der Hypophyse gebildet wird, krampfartig zusammen, der Muttermund weitet sich. Besonders starke Presswehen drücken das Kind schließlich zum Scheidenausgang. Kurz nach der Geburt wird die Nabelschnur durchtrennt. Jetzt muss das Neugeborene selbst atmen. Etwa eine halbe Stunde nach der Geburt wird die Plazenta als Nachgeburt ausgestoßen.

4.5 Methoden der Empfängnisverhütung

Es gibt verschiedene Möglichkeiten der *Empfängnisverhütung.*

- Die hormonelle Verhütung mit der *Pille,* bei der die Follikelreifung und damit auch der Eisprung verhindert wird, ist bei vorschriftsmäßiger Anwendung sehr sicher. Eine regelmäßige ärztliche Kontrolle ist hier notwendig. Die Einnahme der Pille bedeutet immer einen Eingriff in den Hormonhaushalt der Frau.
- Die mechanische Verhütung mit *Kondomen* ist bei richtiger Anwendung sicher. Gleichzeitig bieten Kondome Schutz vor einer Ansteckung mit HIV (AIDS) und Geschlechtskrankheiten.
- Eine weiteres mechanisches Verhütungsmittel ist die *Muttermundkappe (Scheidendiaphragma* oder *Pessar).* Sie muss vom

Arzt angepasst werden und ihre Handhabung muss gelernt werden. Diese Methode ist nur bedingt sicher.

- *Spiralen (Intra-Uterin-Pessare)* sind in die Gebärmutter eingeführte, unterschiedlich geformte Kunststoffgebilde, die die Einnistung des Keimes verhindern. Sie müssen vom Arzt eingesetzt und regelmäßig kontrolliert werden. Eine Spirale ist relativ sicher, ihre Anwendung kann aber zu Komplikationen führen (Entzündungen, Eierstockverklebung).
- Die chemische Verhütung mit *Zäpfchen, Cremes, Tabletten* oder *Sprays* ist nur bedingt sicher.
- Als *natürliche Empfängnisverhütung* werden Methoden bezeichnet, bei denen während der fruchtbaren Tage auf Geschlechtsverkehr verzichtet wird. Dabei werden die fruchtbaren Tage anhand des Menstruationskalenders oder durch tägliche Temperaturmessung der Frau bestimmt. Diese Methoden sind nicht sehr sicher, u. a., weil Stress-Situationen einen vorzeitigen Eisprung auslösen können.

4.6 Vom Säugling zum Kleinkind

Stillen ist mehr als Nahrungsaufnahme; es baut die wichtige *Mutter-Kind-Beziehung* auf, die dem Kind Sicherheit und Zufriedenheit gibt. *Muttermilch* enthält neben den notwendigen Nährstoffen auch Abwehrstoffe gegen Krankheitserreger.

Ein Neugeborenes zeigt lebenssichernde *angeborene Verhaltensweisen* wie Saugen, Trinken, Schreien und Weinen. Merkmale des Säuglings wie sein Lächeln oder seine Körperformen lösen bei anderen Menschen Zuwendungsverhalten aus.

Bald spielen *Lernprozesse* eine immer wichtigere Rolle. Das Kind lernt sprechen, sich geschickt zu bewegen und es erkundet seine Umwelt im Spiel. Die Entwicklung körperlicher und geistiger Fähigkeiten bedingen sich gegenseitig. Mit etwa zwei Jahren sagt das Kind „ich". Es begreift seine eigene Existenz.

Die Entwicklungsschritte beim Kind können unterschiedlich lange dauern. Immer aber ist der Kontakt zu anderen Menschen, seien es die Eltern, die Geschwister oder eine andere feste Bezugsperson, zum Aufbau eines *Urvertrauens* wichtig. ↗ Verhalten, S. 80

Vererbung

1 Gesetzmäßigkeiten der Vererbung

Gregor Mendel (1822–1884) entdeckte erstmals die Regeln der Vererbung. Als Versuchspflanze wählte er die Saaterbse. Dabei verwendete er Erbsen, die über viele Generationen bestimmte Merkmale unverändert zeigten. Er nannte sie *reinerbig*.

Mendel beschränkte sich bei seinen Untersuchungen auf wenige Merkmale wie die Farbe der Samen, die Form der Samen oder die Farbe der Blüten.

Er kreuzte gezielt bestimmte *Sorten* (also Pflanzen, die sich in bestimmten Merkmalen von anderen Formen derselben Art unterscheiden), indem er sie künstlich bestäubte. Dazu brachte er Pollen (Blütenstaub) einer Erbsensorte auf die Narbe einer anderen Sorte, bei der er zuvor alle Staubblätter entfernt hatte.

Seine Ergebnisse wertete Mendel statistisch aus. Aus der großen Zahl der Nachkommen errechnete er die Zahlenverhältnsse, in denen die untersuchten Merkmale auftraten.

1.1 Die 1. Mendel'sche Regel

Mendel kreuzte eine reinerbige rot blühende Erbsensorte mit einer reinerbig weiß blühenden, indem er die Narbe der rot blühenden Pflanze mit dem Pollen der weiß blühenden bestäubte. Beide Pflanzen bilden die *Elterngeneration* oder *Parentalgeneration (P)*.

Als er später die Samen der Elterngeneration aussäte und daraus neue Pflanzen heranzog, waren alle Pflanzen der *1. Tochtergeneration* oder *1. Filialgeneration* (F_1) rot blühend.

Auch die umgekehrte Kreuzung, bei er Pollen rot blühender Erbsen auf die Narben weiß blühender brachte, ergab das glei-

che Ergebnis. Alle Nachkommen der 1. Tochtergeneration waren stets untereinander gleich oder *uniform*.
Die *1. Mendel'sche Regel* heißt daher auch *Uniformitätsregel* und lautet:
Kreuzt man reinerbige Individuen einer Art, die sich in einem Merkmal unterscheiden, so sind die Nachkommen in der F_1-Generation untereinander gleich.

1.2 Die 2. Mendel'sche Regel

Mendel kreuzte nun die rot blühenden Erbsen der F_1-Generation und säte deren Samen später wieder aus. Jetzt aber wuchsen außer rot blühenden auch weiß blühende Erbsen heran. Ihr Zahlenverhältnis war etwa 3:1.
Die *2. Mendel'sche Regel* heißt daher auch *Spaltungsregel* und lautet: Kreuzt man Mischlinge der F_1-Generation untereinander,

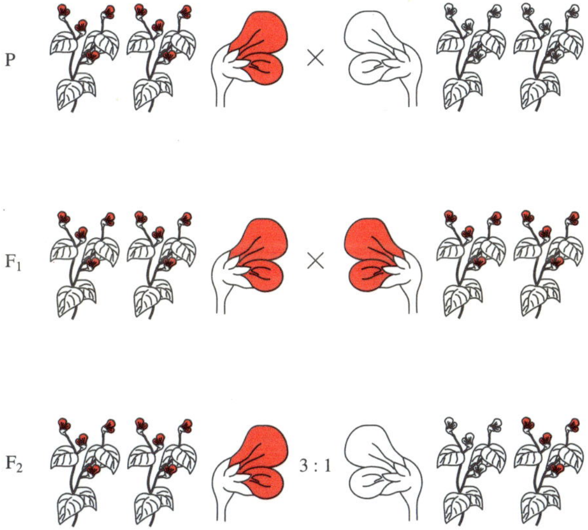

Mendels Versuche mit Saaterbsen

so treten in der *F_2-Generation* auch die Merkmale der Elterngeneration (Parentalgeneration) in einem bestimmten Zahlenverhältnis wieder auf.

1.3 Anlagen und Merkmale

Mendel unterschied nun zwischen den beobachteten Merkmalen (wie rot blühend) und den Anlagen für diese Merkmale. Er kam zu dem Schluss, dass die Anlage für ein Merkmal in den *Körperzellen* doppelt vorliegen muss. Bei Mischlingen kann eine dominante Anlage die andere schwächere oder *rezessive* Anlage überdecken.

Bei der Bildung der *Keimzellen* (Meiose, ↗ S. 39) werden die beiden Anlagen nach den Regeln des Zufalls getrennt, sodass jede Keimzelle nur noch eine Anlage für dieses Merkmal enthält. Bei der Befruchtung kommen wieder zwei Anlagen für dieses Merkmal zusammen.

1.4 Fachbegriffe der Genetik

Das Lernen der folgenden Fachbegriffe erleichtert das Verständnis der Vererbungslehre.

Die einzelne Erbanlage für ein bestimmtes Merkmal wird *Gen* genannt.

Die Funktionsform eines Gens, also die Art und Weise, wie ein Gen ein Merkmal ausprägt, heißt *Allel*. Für jedes Merkmal sind zwei Allele zuständig.

Das äußere Erscheinungsbild eines Lebewesens heißt *Phänotyp*, die Erbanlagen eines Lebewesens sind sein *Genotyp*.

Besitzt ein Lebewesen für ein Merkmal zwei gleiche Allele, ist es *reinerbig* oder *homozygot*. Besitzt ein Lebewesen für ein Merkmal zwei verschiedene Allele, ist es *mischerbig* oder *heterozygot*.

Die F_1-Generation ist immer heterozygot. Das *dominante* Allel überdeckt das *rezessive* im äußeren Erscheinungsbild.

Mischlinge, also Individuen, die aus einer Kreuzung zwischen Eltern hervorgegangen sind, deren Erbgut sich in einem oder mehreren Allelen unterscheidet, heißen *Hybride* oder bei Tieren auch *Bastarde*.

1.5 Darstellungsweise von Erbgängen

Es ist sinnvoll, Erbgänge immer im selben Kreuzungsschema aufzuschreiben.

Die Abbildungen auf Seite 31 und 32 geben dafür Beispiele, die Abbildung auf Seite 33 zeigt eine andere Möglichkeit.

Dominante Allele bezeichnet man dabei mit Großbuchstaben, rezessive mit Kleinbuchstaben. In der Legende (Zeichenerklärung) muss die Bedeutung der Buchstaben jeweils angegeben werden. Körperzellen werden immer eckig dargestellt, Keimzellen immer rund. Körperzellen besitzen immer zwei Allele, Keimzellen immer ein Allel.

Pflanzenart: Erbse
A = Allel für rot blühend
a = Allel für weiß blühend

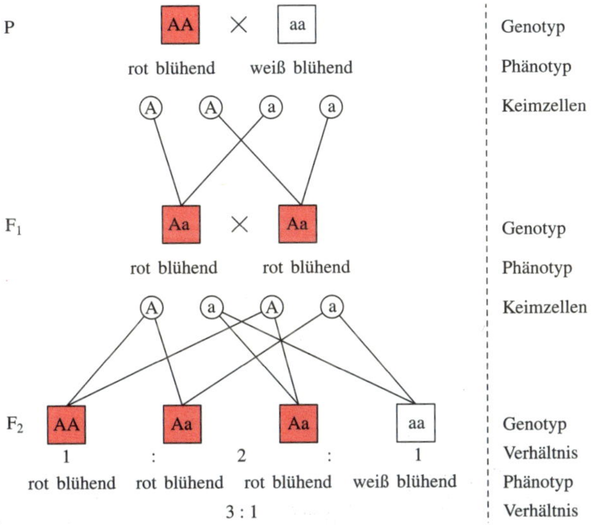

Dominant-rezessiver Erbgang

1.6 Intermediäre Vererbung

Bei manchen Genen überdeckt kein Allel das andere, beide sind gleichwertig. Kreuzt man z. B. rot blühende Wunderblumen mit weiß blühenden, erhält man in der F_1-Generation ausschließlich rosafarbene Blüten. Hier handelt es sich um einen *intermediären Erbgang,* der wesentlich seltener ist als der eines dominant-rezessiven Merkmals. Kreuzt man die Wunderblumen der F_1-Genation untereinander, so treten in der F_2 neben den rosafarbenen Blüten auch die Merkmale der Elterngeneration (P) wieder auf – und zwar rote, rosafarbene und weiße Blüten im Verhältnis 1:2:1.

Bei der intermediären Vererbung bezeichnet man die beiden Allele mit unterschiedlichen Kleinbuchstaben.

Pflanzenart: Wunderblume
r = Allel für rot blühend
w = Allel für weiß blühend

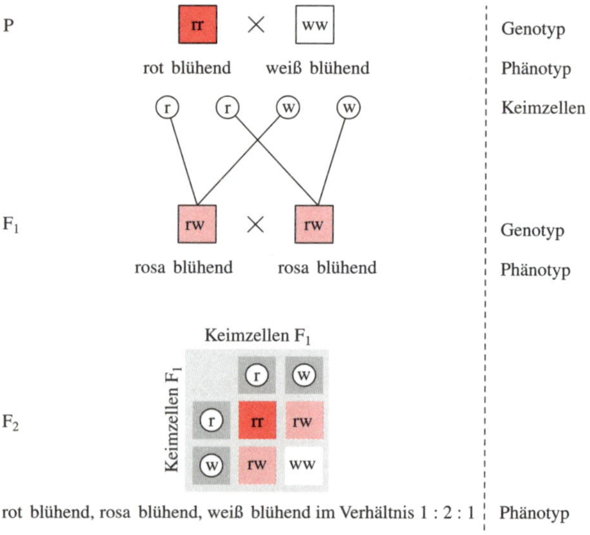

Intermediärer Erbgang

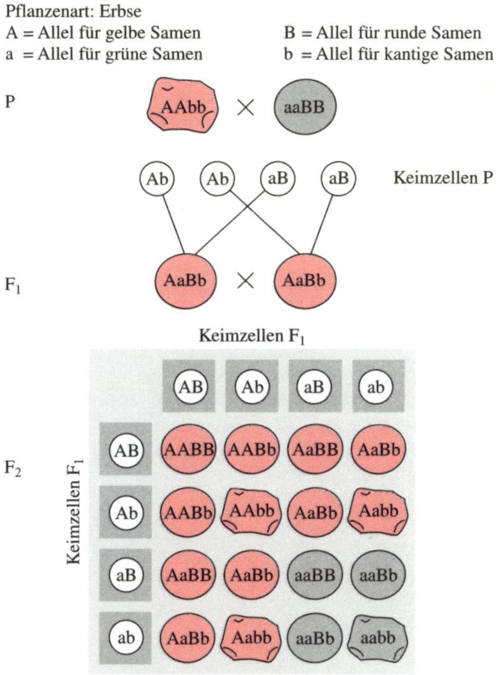

Dihybrider dominant-rezessiver Erbgang

1.7 Die 3. Mendel'sche Regel

Mendel führte auch Kreuzungen durch, bei denen er auf die Vererbung von zwei Merkmalspaaren achtete, beispielsweise Form und Farbe der Erbsensamen. Eine Erbsensorte hatte gelbe, kantige Samen, die andere grüne, runde Samen.
In der F_1-Generation traten uniform nur gelbe, runde Samen auf. Gelb war dominant über grün, rund dominant über kantig.
In der F_2-Generation spalteten die Nachkommen auf. Die Samen waren gelb und rund, gelb und kantig, grün und rund sowie grün und kantig und zwar im Zahlenverhältnis von 9:3:3:1.

Die Sorte mit grünen, kantigen Samen war neu. Die Erbanlagen für Samenfarbe (gelb und grün) und Samenform (rund und kantig) hatten sich unabhängig voneinander neu kombiniert.
Die *3. Mendel'sche Regel* heißt daher auch *Unabhängigkeitsregel* oder *Regel von der Neukombination der Gene* und lautet: Kreuzt man zwei Individuen, die sich in mehreren Merkmalen reinerbig unterscheiden, werden in der F_2-Generation die einzelnen Merkmale unabhängig voneinander vererbt und neu kombiniert – wie die Abbildung auf Seite 33 zeigt.
Eine Kreuzung zwischen Sorten mit zwei unterschiedlichen Merkmalen wird *dihybrid* genannt, die Kreuzung zwischen Sorten mit nur einem unterschiedlichen Merkmal *monohybrid.*

1.8 Rückkreuzung

Um zu erfahren, ob ein Lebewesen in einem bestimmten Merkmal reinerbig oder mischerbig ist, führt man eine *Rückkreuzung* durch. Für diese Testkreuzung wird ein Kreuzungspartner gewählt, bei dem das Merkmal *reinerbig rezessiv* vorliegt.

Pflanzenart: Erbse
A = Allel für rot blühend
a = Allel für weiß blühend

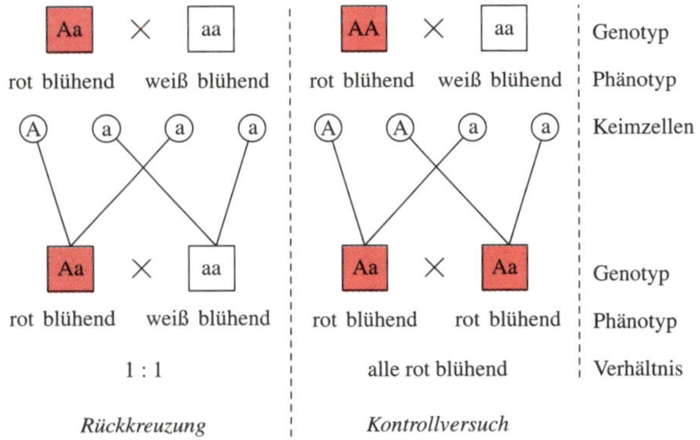

Rückkreuzung und Kontrollversuch

Ist der zu testende Kreuzungspartner in Bezug auf dieses Merkmal *reinerbig dominant*, sind alle Nachkommen der F_1 entsprechend der 1. Mendel'schen Regel uniform, also gleich. Ist dieser Partner in Bezug auf das Merkmal mischerbig, spalten die Nachkommen bei der Rückkreuzung im Verhältnis 1:1 auf.

2 Zelle und Zellkern

2.1 Zelle, Gewebe, Organ, Organismus

Alle Lebewesen sind aus *Zellen* aufgebaut.

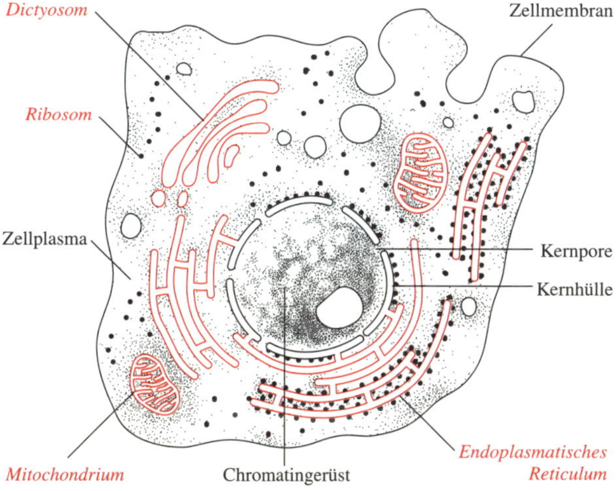

Bestandteile einer Zelle von Tier und Mensch

Die Zellen von Tieren und Menschen enthalten außer Zellkern, Zellplasma und Zellmembran eine Reihe von *Zellorganellen* wie Endoplasmatisches Retikulum, Dictyosomen, Ribosomen und Mitochondrien.

Pflanzenzellen besitzen darüber hinaus eine Zellwand, eine Zellvakuole und Chloroplasten.

Bei vielzelligen Lebewesen ist eine *Arbeitsteilung* (*Spezialisierung*) der Zellen kennzeichnend, die verschiedenen Zellen haben ganz bestimmte Funktionen. Mit der Spezialisierung der Zellen wächst ihre *Leistungsfähigkeit.* Zellen mit gleichem Bau und gleicher Aufgabe bilden ein Gewebe. Verschiedene *Gewebe* arbeiten in einem *Organ* zusammen. Dienen Organe einer gemeinsamen Aufgabe, spricht man von einem *Organsystem.* Im *Organismus* arbeiten alle Organe geregelt zusammen.

2.2 Der Zellkern

Der *Zellkern* ist Speicher des Erbgutes. Er steuert alle Vorgänge in der Zelle nach den Vorschriften des Erbgutes.
Bei einer Zellteilung wird die Erbinformation unverändert an die Tochterzellen weitergegeben.
Mit dem Lichtmikroskop erkennt man im Zellkern nur ein fädiges Netzwerk, das sich einfärben lässt. Dieses Grundgerüst des Zellkerns heißt *Chromatin.* Die Chromatinfäden sind die Träger der Erbanlagen (Gene).
Der Zellkern ist von einer Kernhülle umgeben.

2.3 Die Chromosomen des Menschen

Während der *Kernteilung* nehmen die Chromatinfäden eine klar umgrenzte Gestalt an und heißen dann *Chromosomen (Kernschleifen).* Jede Pflanzen- und Tierart hat ihre eigene, charakteristische Chromosomenzahl.
Der Mensch besitzt in jeder Körperzelle 46 Chromosomen. Jeweils zwei Chromosomen entsprechen sich im Bau vollkommen. Sie werden *homologe Chromosomen* oder *Chromosomenpaare* genannt. Die Körperzellen des Menschen

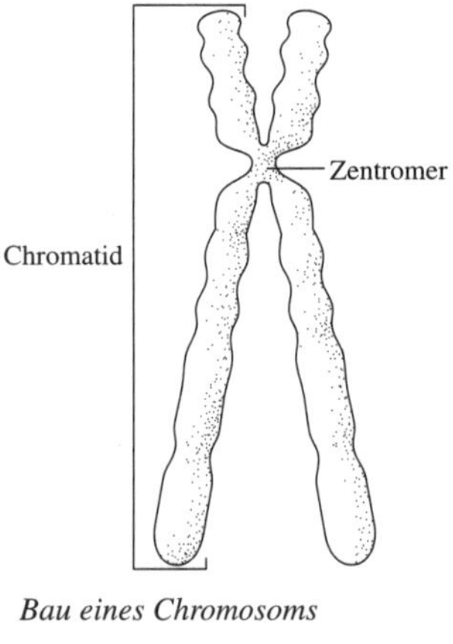

Bau eines Chromosoms

verfügen demnach über einen doppelten *(diploiden)* Chromosomensatz von 2 x 23 Chromosomen, abgekürzt 2n.
Eine Sonderstellung haben die 23. Chromosomenpaare, die als *Geschlechtschromosomen* bezeichnet werden. Bei der Frau sind sie gleich (homolog), beim Mann ungleich gestaltet. ↗ Geschlechtsbestimmung, S. 42
Jedes Chromosom besteht aus zwei Längshälften, den *Chromatiden,* die am *Zentromer* miteinander verbunden sind.

2.4 Die Zellteilung (Mitose)

Lebewesen wachsen, sie altern und sie verletzen sich. Die *Körperzellen* müssen sich daher vermehren und erneuern. Sie tun dies, indem sie sich teilen. (Die Abbildung auf Seite 38 zeigt diesen Vorgang.)
Die Teilung von Körperzellen *(Mitose)* läuft folgendermaßen ab:
Beginnt sich eine Zelle zu teilen, verdoppelt sich zuerst das *Teilungskörperchen.* Die neuen Teilungskörperchen wandern zu den Polen der Zelle.
Dann löst sich die Kernhülle auf und die Chromatinfäden ziehen sich spiralig zu Chromosomen zusammen. Die Chromosomen ordnen sich in der Zellmitte an.
Die beiden Längshälften jedes Chromosoms (Chromatiden) werden in entgegengesetzter Richtung zu den Zellpolen auseinander gezogen, die Zentromeren teilen sich.
Eine neue Kernhülle bildet sich, die Tochterchromosomen entspiralisieren sich wieder zu Chromatinfäden. Zwischen den neu entstandenen Zellkernen entsteht eine trennende Zellmembran.
Das Zellplasma und die Zellorganellen werden dabei zufallsmäßig auf die beiden Tochterzellen verteilt.
Der Vorgang der Zellteilung ist beendet: zwei neue Tochterzellen sind entstanden.
Jede Tochterzelle besitzt nach der Mitose wieder genauso viele Chromosomen wie die Mutterzelle vor der Teilung. Vor der nächsten Zellteilung verdoppeln sich die Chromatinfäden, so dass wieder zwei Chromatiden pro Chromosom zur Verfügung stehen. ↗ DNA-Verdoppelung, S. 51

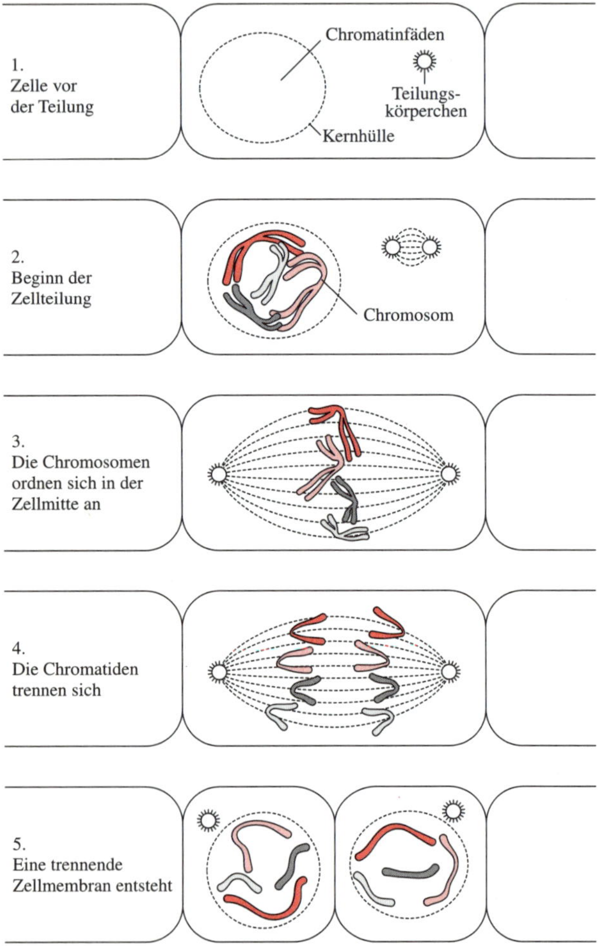

Mitose (Zur Vereinfachung sind nur 2 statt 23 Chromosomenpaare abgebildet.)

2.5 Reifeteilung (Meiose)

Ein anderer Teilungsvorgang findet bei der Bildung der *Keimzellen (Geschlechtszellen)* statt. Da bei der Befruchtung die Zellkerne einer männlichen und einer weiblichen Keimzelle verschmelzen, muss der doppelte (diploide) Chromosomensatz zuvor halbiert werden.
Beim Menschen entstehen durch die *Reifeteilung (Meiose)* die Keimzellen mit einem einfachen (haploiden) Satz von 23 Chromosomen.

Die entscheidenden Unterschiede gegenüber der Mitose sind bei der Meiose:

- Die Meiose erfolgt in zwei Teilungsschritten, der 1. und 2. Reifeteilung. (Die Abbildung auf Seite 40 zeigt diese beiden Teilungsschritte.)
- Bei der *1. Reifeteilung* werden nicht die Chromatiden auf die Tochterzellen verteilt, sondern jeweils die homologen Chromosomen. Der diploide Chromosomensatz wird dadurch halbiert, also haploid. Die 1. Reifeteilung ist eine *Reduktionsteilung.*
- Bei der *2. Reifeteilung* werden anschließend in beiden Tochterzellen – wie bei der Mitose – die Chromatiden getrennt, so dass schließlich vier Zellen mit einem haploiden Chromosomensatz entstehen.

Bei der Meiose erfolgt die Verteilung der vom Vater und von der Mutter ererbten Chromosomen nach dem Prinzip des Zufalls. Dadurch wird das Erbgut in den Keimzellen neu kombiniert, man spricht von *Rekombination.*

Überlege: In den Körperzellen sind die Chromosomen paarweise (diploid), in Geschlechtszellen nur einzeln (haploid) vorhanden.
Inwieweit bestätigt dieser Sachverhalt die Annahmen Mendels über das Verhalten der Erbanlagen bei den Kreuzungsversuchen?
Welcher Vorgang bei der Meiose begründet die 3. Mendel'sche Regel von der Neukombination der Gene?

Meiose (Zur Vereinfachung sind nur 2 statt 23 Chromosomenpaare abgebildet.)

1. Reifeteilung

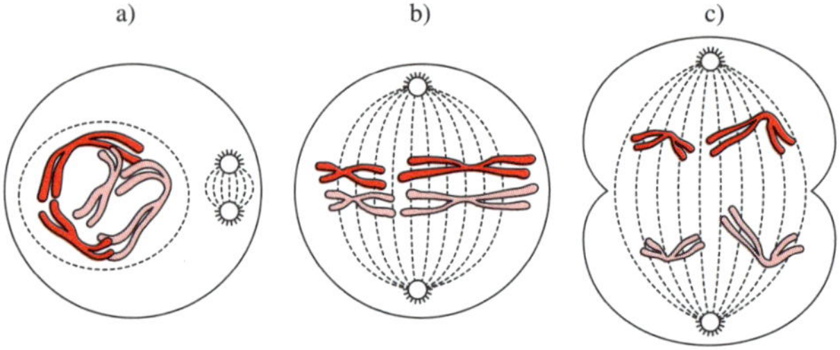

a Paarung der homologen (gleichen) Chromosomen
b Die Chromosomenpaare ordnen sich in der Zellmitte an
c Tennung der Chromosomenpaare: Reduktion

2. Reifeteilung

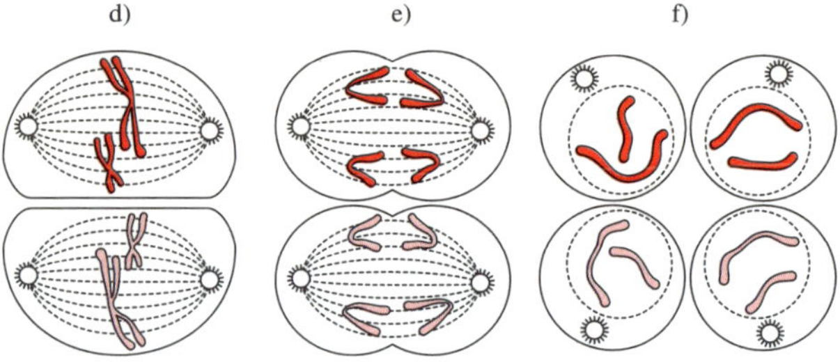

d Die Chromosomen ordnen sich in der Zellmitte an
e Trennung der Chromatiden
f Vier Keimzellen mit haploidem Chromosomensatz entstehen

Die Kernteilungen der Meiose laufen bei Mann und Frau gleich ab, die Teilung des Zellplasmas verschieden. Bei der *Bildung der männlichen Keimzellen* wird das Zellplasma jeweils in der Zellmitte geteilt. Vier haploide Spermien entstehen.

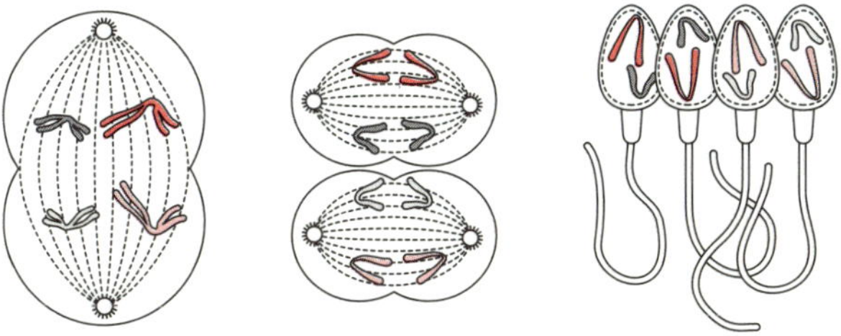

Reduktion — Trennung der Chromatiden — 4 Spermien

Ergebnis der Meiose beim Mann

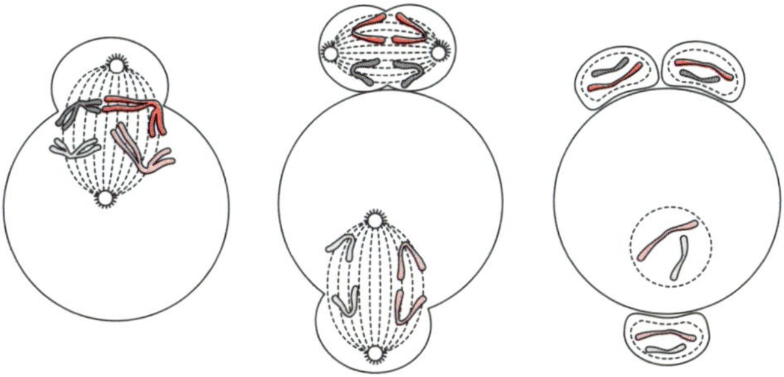

Reduktion — Trennung der Chromatiden — 1 Eizelle, 3 Polkörperchen

Ergebnis der Meiose bei der Frau

Bei der *Bildung der weiblichen Keimzellen* entstehen eine große zellplasmareiche Eizelle und drei winzige Zellen, die *Polkörperchen,* die bald absterben. Alle haben einen haploiden Chromosomensatz.

Bei der *Befruchtung* verschmelzen die Zellkerne von Eizelle und Samenzelle. Aus zwei haploiden Keimzellen entsteht eine diploide *Zygote*. Die Zygote enthält somit väterliches und mütterliches Erbgut je zur Hälfte.

Überlege: Die befruchtete Eizelle teilt sich unzählige Male, bis ein Mensch entstanden ist. Alle Körperzellen eines Menschen enthalten die vollständige Erbinformation. Durch welche Teilschritte bei der *Mitose* ist dies sichergestellt?

2.6 Geschlechtsbestimmung

Nach einem Mikrofoto lassen sich die homologen Chromosomen der Körperzellen des Menschen paarweise anordnen. Eine solche grafische Darstellung der Chromosomen nennt man *Karyogramm.* Dabei lässt sich erkennen, dass 22 Chromosomenpaare bei Mann und Frau gleich sind, sie werden *Autosomen*

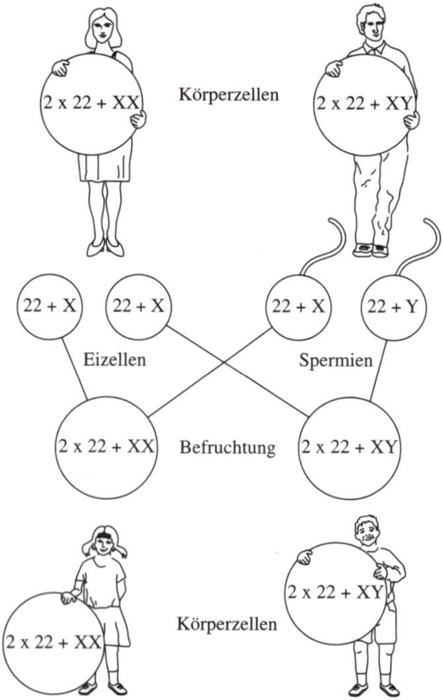

Vererbung des Geschlechts

genannt. Beim 23. Paar handelt es sich um die *Geschlechtschromosomen.*
Bei der Frau sind die beiden *Geschlechtschromosomen* gleich (homolog) gestaltet und werden *X-Chromosomen* genannt.
Beim Mann sind die beiden Geschlechtschromosomen ungleich gestaltet. Das kleinere der beiden, das nur beim Mann vorkommt, wird als *Y-Chromosom* bezeichnet, das größere als *X-Chromosom.*
Abgekürzt lautet der Chromosomensatz der Körperzellen der Frau: 2 x 22 + XX, der Chromosomensatz des Mannes: 2 x 22 + XY.
Der haploide Chromosomensatz der Eizelle lautet demnach 22 + X.
Bei den Spermien gibt es zwei verschiedene Formen: Die eine Hälfte hat den Chromosomensatz 22 + X, die andere Hälfte 22 + Y.

Verschmelzen bei der Befruchtung eine Eizelle und ein Spermium, das ein Y-Chromosom trägt, entsteht eine männliche Zygote, ein Junge entwickelt sich. Verschmelzen Eizelle und ein Spermium mit einem X-Chromosom, entwickelt sich ein Mädchen. Das Geschlecht des Kindes wird also bei der Befruchtung festgelegt.
Die Zahl der Spermien mit X- und Y-Chromosom ist gleich, das Geschlechterverhältnis liegt daher bei etwa 1:1.

3 Methoden und Erkenntnisse der Humangenetik

Vererbungsversuche verbieten sich beim Menschen aus ethischen Gründen. Die Weitergabe der Erbanlagen beim Menschen verfolgt man mit Hilfe statistischer Erhebungen in der Bevölkerung sowie durch Familien- und Zwillingsforschung.

3.1 Familien- oder Stammbaumforschung

Tritt ein bestimmtes Merkmal in einer Familie über Generationen hinweg gehäuft auf, lässt sich vermuten, dass es erblich ist. Folgende Beispiele verdeutlichen dies.

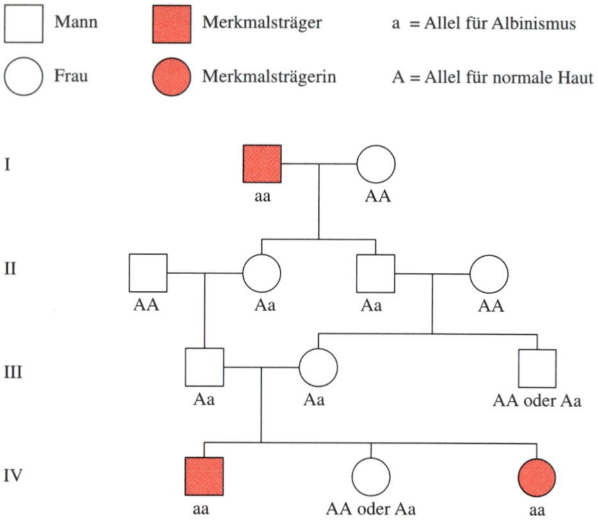

Erbgang Albinismus

Albinismus

Das Fehlen von Pigmenten in der Haut bezeichnet man als *Albinismus*. Der Stammbaum einer Familie zeigt, dass auch die Kinder von merkmalsfreien Eltern Albinos sein können. Die Eltern müssen also die entsprechenden Erbanlagen besitzen, das Allel für Albinismus verhält sich rezessiv.

Rezessive Anlagen können über viele Generationen hinweg verborgen bleiben. Erst wenn zwei rezessive Allele zusammenkommen, treten sie phänotypisch in Erscheinung.
Bei Verwandtenehen ist die Wahrscheinlichkeit erhöht, dass die Partner dieselben rezessiven Anlagen besitzen. Damit ist auch die Wahrscheinlichkeit für das Auftreten rezessiv vererbter Krankheiten höher. Aus diesem Wissen heraus sind Ehen unter engen Verwandten in so gut wie allen Kulturen nicht erlaubt.

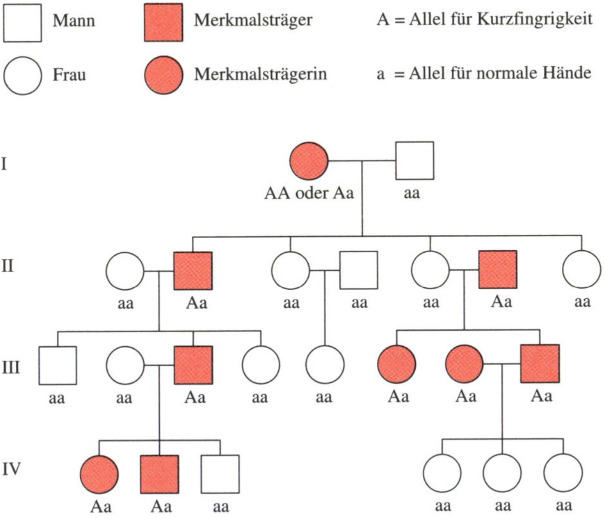

Erbgang Kurzfingrigkeit

Erbliche Kurzfingrigkeit

Nicht jeder Erbgang beim Menschen folgt den Mendel'schen Regeln. Da der Mensch für seine mehrere hunderttausend Merkmale nur 23 Chromosomenpaare besitzt, sind nicht alle Merkmale unabhängig voneinander vererbbar.

Der Erbgang der *Kurzfingrigkeit* folgt wie der Erbgang des Albinismus den Mendel'schen Regeln.

Bei dieser Krankheit sind einzelne Fingerknochen erblich verkürzt, manchmal fehlt sogar ein ganzes Fingerglied.

Der Stammbaum einer Familie zeigt, dass Kinder von Eltern, die beide das Merkmal Kurzfingrigkeit tragen, im Phänotyp merkmalsfrei sind. Wäre das Merkmal für Kurzfingrigkeit rezessiv, wäre dies nicht möglich. Also verhält sich das Allel für Kurzfingrigkeit dominant, das Allel für Normalhand ist rezessiv.

Vererbung der Blutgruppen

Die Vererbung der Blutgruppen lässt sich nicht vollständig mit den Mendel'schen Regeln in Einklang bringen. ↗ Blut, S. 114
Das Gen für die Blutgruppe liegt nicht in zwei, sondern in drei verschiedenen Allelen vor, die man als A, B und 0 bezeichnet. Jeder Mensch besitzt jedoch für seine Blutgruppe nur zwei Allele. Eine weitere Besonderheit des AB0-Systems liegt darin, dass die Allele A und B beide dominant wirken. Kommen A und B im Genotyp gleichzeitig vor, spricht man in diesem besonderen Fall von *kodominanten Allelen.* (Der Anlagenträger hat die Blutgruppe AB.) Die Allele A und B verhalten sich dominant gegenüber dem rezessiven Allel 0.
Die vier Phänotypen A, B, AB und 0 können demnach sechs verschiedene Genotypen sein:

Phänotyp Blutgruppe A: Genotyp AA oder A0
Phänotyp Blutgruppe B: Genotyp BB oder B0
Phänotyp Blutgruppe AB: Genotyp AB
Phänotyp Blutgruppe 0: Genotyp 00

Blutgruppen	mögliche Genotypen Häufigkeit in Mitteleuropa		mögliche Keimzellen
A	AA	31 %	nur A
	A0	11 %	A oder 0
B	BB	1%	nur B
	B0	14%	B oder 0
AB	AB	6 %	A oder B
0	00	37 %	nur 0

mögliche Kombinationen elterlicher Allele

	A	B	0
A	AA	AB	A0
B	AB	BB	B0
0	A0	B0	00

Genotypen der Nachkommen

Blutgruppen und ihre Erbgänge

Rhesusfaktor

Mehr als 80 % der Europäer besitzen im Blut ein bestimmtes Protein (Eiweiß), den *Rhesusfaktor* – sie sind *rhesuspositiv.*
↗ Blut, S. 114

Der Rhesusfaktor ist bei Bluttransfusionen und Schwangerschaften von Bedeutung, da es hier zu Rhesus-Unverträglichkeiten kommen kann.

Das Allel für den Rhesusfaktor verhält sich dominant. Bezeichnet man das Allel für den Rhesusfaktor mit D und das Allel für Merkmalsfreiheit mit d, dann haben rhesuspositive Menschen den Genotyp DD oder Dd.

Nichtträger des Rhesusfaktors werden als *rhesusnegativ* bezeichnet, sie haben den Genotyp dd.

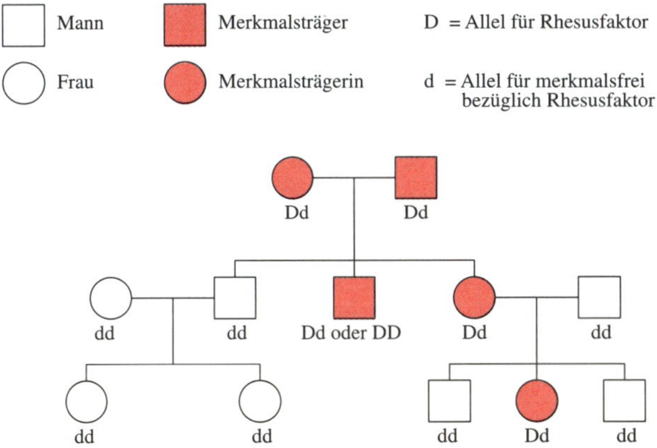

Erbgang Rhesusfaktor

Erbanlagen auf Geschlechtschromosomen

Die Erbanlagen für die Unterscheidung der Farben Grün und Rot liegen auf dem X-Chromosom. *Rot-Grün-Verwechslung* wird rezessiv vererbt. Da Frauen zwei, Männer nur ein X-Chromosom besitzen, wirkt sich die X-chromosomgebundene Vererbung bei Mann und Frau verschieden aus:

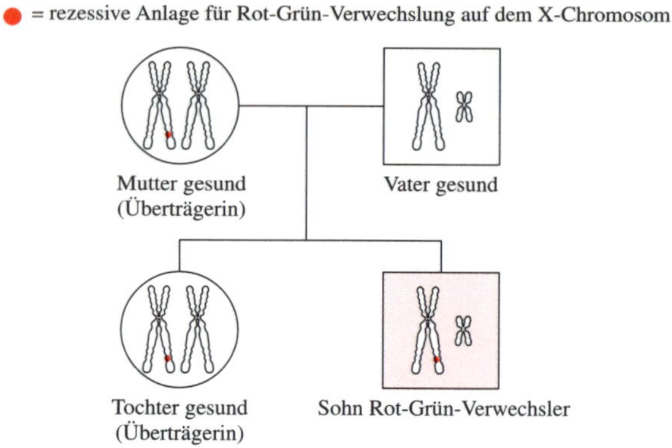

Erbgang Rot-Grün-Verwechslung

- Männer sind Rot-Grün-Verwechsler, wenn sie von ihrer Mutter das rezessive Allel vererbt bekommen.
- Frauen sind bei *einem* rezessiven Allel für Rot-Grün-Verwechslung auf nur einem X-Chromosom phänotypisch gesund, können das Allel aber als *Konduktorin* (Überträgerin) weitergeben.
- Frauen sind nur dann Rot-Grün-Verwechsler, wenn ihre beiden X-Chromosomen das betreffende rezessive Allel tragen.

Überlege: Rund 8 % aller Männer sind von der Rot-Grün-Verwechslung betroffen. Bei Frauen kommt dies sehr viel seltener vor. Die Begründung ist in der geschlechtschromosomengebundenen Vererbung zu suchen. Begründe anhand der Abbildung des betreffenden Erbgangs.

3.2 Zwillingsforschung

Untersuchungen bei Zwillingen geben Aufschluss über den Einfluss von Erbanlagen und Umweltbedingungen bei der Ausprägung bestimmter Merkmale. In Deutschland kommen Zwillingsgeburten etwa einmal unter 80 Geburten vor.

Eineiige Zwillinge haben im Unterschied zu zweieiigen Zwillingen den gleichen Genotyp. Auch auf ihre Entwicklung wirken Umwelteinflüsse ein. Manche Merkmale wie Augenfarbe und Blutgruppe sind *umweltstabil.* Merkmale, die nur bei einem der beiden eineiigen Zwillinge vorkommen, sind nicht erblich, sondern *umweltbedingt.* So hängt z. B. das Körpergewicht stark vom Umweltfaktor Ernährung ab.
Besonders der Vergleich von getrennt und gemeinsam aufgewachsenen Zwillingen lässt Rückschlüsse darauf zu, wie die Umwelt körperliche und geistige Merkmale beeinflusst.

4 DNA-Moleküle enthalten Erbinformation

4.1 DNA

Auf den Chromatinfäden liegen die Erbanlagen. Chemisch bestehen die Erbanlagen (Gene) aus *Desoxiribonukleinsäure* – abgekürzt DNA oder DNS. Jedes DNA-Molekül setzt sich aus vielen Bauteilen *(Nukleotiden)* zusammen, die alle den Zucker Desoxiribose, eine Phosphat-Gruppe sowie eine der vier Basen Adenin, Thymin, Guanin und Cytosin enthalten.

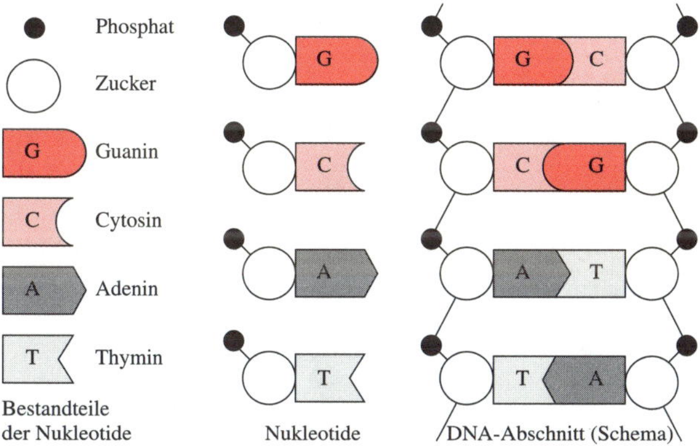

Bestandteile der DNA

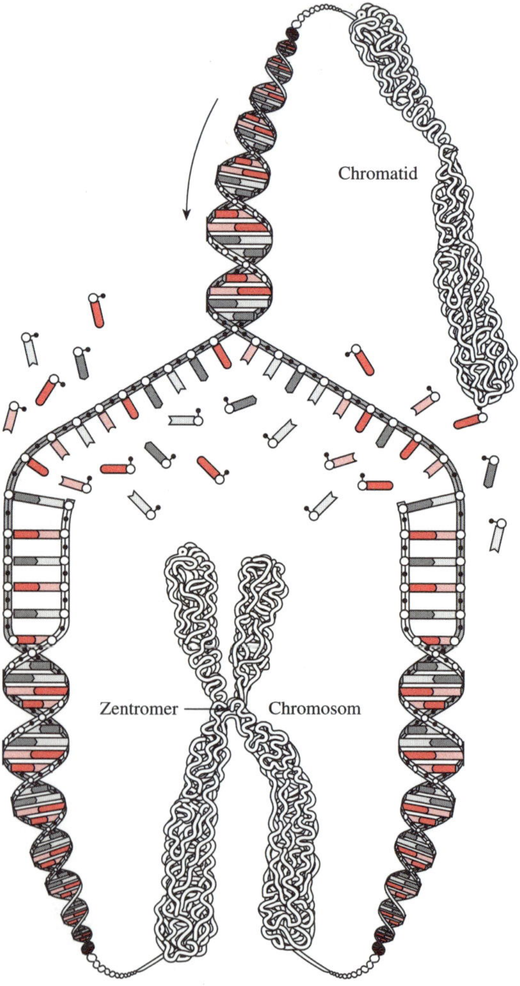

Aufbau und Verdoppelung der DNA

Viele Nukleotide sind zu einem langen Strang verknüpft, zwei Stränge wiederum zu einem Doppelstrang, der sich ähnlich einer Wendeltreppe schraubig um sich selbst windet. Die Treppenstufen bilden jeweils zwei Basen, die seitlichen Ketten bilden der Zucker und die Phosphatgruppe.
Aufgrund ihrer Molekülstruktur verbinden sich immer nur Adenin und Thymin sowie Cytosin und Guanin. Die Abfolge der vier verschiedenen Basen speichert die Erbinformation.

Jeder Zellteilung muss eine Verdoppelung der Chromatide und damit eine *Verdopplung der DNA* vorausgehen. ↗ Mitose, S. 37
Bei der Verdopplung der DNA öffnet sich der Doppelstrang an der Bindungstelle zwischen den Basen. An jedem Einzelstrang lagern sich neue Nukleotide, die aus dem Zellplasma in den Zellkern transportiert werden, passend zur Vorlage an. Adenin kommt zu Thymin, Thymin zu Adenin und Cytosin kommt zu Guanin, Guanin zu Cytosin.
Am Ende der DNA-Verdopplung sind zwei völlig identische DNA-Doppelstränge entstanden.

Die entspiralisierte DNA ist als Chromatinfaden lichtmikroskopisch *nicht* zu erkennen. Bei der Kernteilung spiralisiert sich der DNA-Faden und wird als Chromosom erkennbar. Jeweils ein bestimmter Abschnitt der DNA entspricht einem Gen. Dieser DNA-Abschnitt kann unterschiedliche Basen enthalten, das Gen liegt in verschiedenen Allelen vor.

? **Überlege:** In der Abbildung auf Seite 50 ist unten nur eines der beiden homologen Chromosomen aufgeführt, die sich in ihren Allelen allerdings unterscheiden können. Ein Vergleich dieser Abbildung mit den Vorgängen während der Mitose und Meiose macht deutlich, dass bei der Mitose die Erbinformation in den Tochterzellen vollständig identisch erhalten bleibt. Bei der Meiose und dann noch einmal bei der anschließenden Befruchtung werden die väterlichen und mütterlichen Erbanlagen neu kombiniert, neue Allelkombinationen sind möglich. So wird verständlich, dass die Kinder derselben Eltern sich mehr oder weniger unterscheiden können.

4.2 Vom Gen zum Merkmal

Die Erbinformationen sind in der DNA eines jeden Zellkerns verschlüsselt. Die unterschiedliche Reihenfolge der vier Basen entlang eines bestimmten DNA-Abschnitts bestimmt, welches Merkmal ausgebildet wird.
Die Übersetzung der Information eines DNA-Abschnitts in ein Merkmal (z. B. rote Blütenfarbe) erfolgt über Proteine (Eiweiße). Proteine sind entweder selbst Merkmale oder steuern als Enzyme den Stoffwechsel, der zur Ausbildung eines Merkmals führt. Die Grundbausteine dieser Proteine sind 20 verschiedene Aminosäuren.

➔ **Vernetzung**: Chemie sowie ↗ Stoffwechsel und Stofftransport, S. 103

Die Schritte der Ausbildung eines Merkmals im Einzelnen:

- *Transkription (Umkopieren)*: Im Zellkern wird von der DNA eine einsträngige Kopie der Erbinformation erstellt. Diese Kopie heißt Boten-RNA (*messenger RNA*).
- *Translation (Übersetzen)*: Die Boten-RNA lagert sich im Zellplasma an ein *Ribosom* an. Kürzere *Transport-RNA-Moleküle* bringen *Aminosäuren* zum Ribosom. Jede der 20 verschiedenen Aminosäuren besitzt ihre eigene Transport-RNA. Die Basenabfolge der Boten-RNA bestimmt die Anlagerung der Transport-RNA und damit die Reihenfolge der Aminosäuren.
- *Struktur der Proteine (Eiweiße)*: Die Aminosäuren werden zu Aminosäureketten verknüpft. Ein Protein-Molekül besteht aus etwa 100–1.000 Aminosäure-Molekülen. Anzahl und Reihenfolge der Aminosäuren bestimmen die Struktur des Proteins.
- *Aufgaben des Proteins*: Proteine sind Bau- und Betriebsstoffe der Zellen. Besonders wichtig sind sie als Enzyme, die den Stoffwechsel der Zelle und damit auch die Ausprägung von Merkmalen steuern.

Der genetische Code

Gene steuern und kontrollieren jedes Merkmal des Körpers. Die Grundbausteine der genetischen Information sind die vier Basen Cytosin, Guanin, Thymin und Adenin. Diese werden in

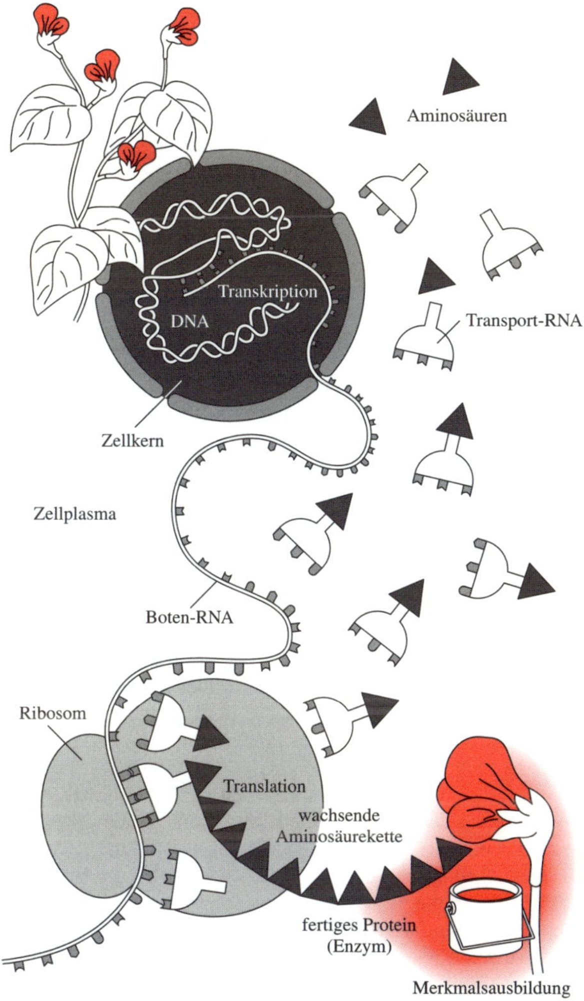

Vom Gen zum Merkmal

Dreiergruppen an die Transport-RNA angelagert. Die Kombination von drei Basen hintereinander ergibt $4^3 = 64$ Möglichkeiten um 20 verschiedene Aminosäuren zu verschlüsseln, sie zu *codieren.*

Der *genetische Code*, also der Schlüssel für die Übertragung der genetischen Informationen von der DNA auf die Proteine, ist *universell,* das heißt, alle Lebewesen übersetzen die genetische Information in gleicher Weise.

4.3 Mutationen

Mutationen sind Veränderungen des Erbgutes. Sie können jede Zelle betreffen. Doch nur wenn Keimzellen betroffen sind, werden Mutationen vererbt.

Gen-Mutationen. Eine Veränderung der Basenfolge der DNA kann zum Einbau einer falschen Aminosäure in das Protein-Molekül führen. So kommt es z. B. bei der Erbkrankheit *Phenylketonurie* über ein fehlerhaftes Enzym zu einer Störung des Eiweißstoffwechsels.

Chromosomen-Mutation. Brechen Chromosomen, können Teile eines Chromosoms verloren gehen und Gene ausfallen.

Genom-Mutation. Durch Fehler bei der Chromosomenverteilung während der Meiose kann es zu überzähligen oder fehlenden Chromosomen kommen, das Erbgut oder *Genom* ist verändert. So liegt z. B. bei der „Trisomie 21“ das 21. Chromosom dreifach vor, ein Chromosom ist also überzählig. Die körperlichen und geistigen Fähigkeiten der Betroffenen sind stark eingeschränkt. Auf Grund der Form des oberen Augenlides wird die Krankheit auch als *Mongolismus* oder *Down-Syndrom* bezeichnet. Eine Genom-Mutation kann auch die Geschlechtschromosomen betreffen. Ein Mädchen mit einem Chromosomensatz von 44 + XXX bleibt in der geistigen Entwicklung zurück und ist meist unfruchtbar. Ein Junge mit 44 + XXY wird keine Spermien bilden können.

Auslöser für Mutationen (Mutagene) können neben energiereichen Strahlen wie UV-, Röntgen- und radioaktiver Strahlung auch eine Reihe von Chemikalien sein. Selbst der normale Alterungsprozess löst Mutationen aus.

Sinne, Nerven und Hormone

Die Fähigkeit zur Aufnahme von Reizen, zur Reizverarbeitung und Reizbeantwortung ist ein wesentliches Merkmal aller Lebewesen.
Die *Sinnesorgane* des Menschen nehmen Reize aus der Umwelt auf. *Nerven* leiten die Informationen zum *Gehirn.* An der Auswertung und Weiterverarbeitung der Informationen ist auch das *Hormonsystem* beteiligt.

1 Sinnesorgane erschließen die Umwelt

1.1 Sehen

Der Sehsinn führt dem Gehirn etwa zehnmal mehr Information zu als alle anderen Sinne zusammen.

Der Bau des Auges

Die Augen liegen geschützt in der knöchernen *Augenhöhle* des Schädels. Die *harte Augenhaut (Lederhaut)* gibt dem Auge eine feste Hülle. Hier setzen *Muskeln zur Augenbewegung* an. Im vorderen Teil ist die Augenhaut durchsichtig und heißt hier *Hornhaut.* In ihrem Randbereich schließt die dünne *Bindehaut* an.
Von vorne erkennbar ist die farbige *Regenbogenhaut (Iris).* In ihrer Mitte befindet sich eine Öffnung, die *Pupille.* Hinter der Pupille liegt die *Linse.* Sie ist an *Linsenbändern* aufgehängt, die über die ringförmigen *Ziliarmuskeln* bewegt werden. Der Raum zwischen Linse und Hornhaut ist mit *Kammerwasser* gefüllt. Hinter der Linse liegt der gallertartige, durchsichtige *Glaskörper,* der den größten Teil des Auges ausfüllt. Sein Druck erhält die Form des Auges.

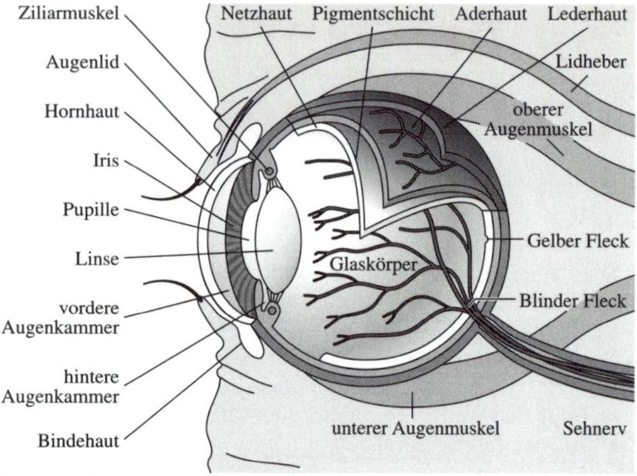

Bau des Auges

Die innere Augenhaut bilden *Netzhaut* und *Pigmentschicht.* In der Netzhaut befinden sich die Lichtsinneszellen: *Stäbchen* und *Zapfen.* Zwischen Pigmentschicht und Lederhaut liegt die gut durchblutete *Aderhaut.*
Gegenüber der Pupille liegt der *Gelbe Fleck.* Dies ist die Stelle des schärfsten Sehens, da hier die meisten Sehsinneszellen liegen. Wo der *Sehnerv* das Auge verlässt, gibt es keine Sehsinneszellen, diese Stelle heißt *Blinder Fleck.*

Schutzeinrichtungen des Auges sind neben der knöchernen Augenhöhle *Augenbrauen, Augenlider* und *Wimpern.* Die *Tränendrüsen* bilden eine Flüssigkeit, mit der das Auge befeuchtet und Fremdkörper ausgeschwemmt werden. Im inneren Augenwinkel wird die Tränenflüssigkeit dann über Tränenkanäle in den Nasenraum geleitet.

Für Arbeiten wie Fräsen, Schleifen oder Experimentieren mit Chemikalien ist eine Schutzbrille unbedingt notwendig. Kommen dennoch Metall-, Stein- oder Glassplitter ins Auge, muss sofort ein Augenarzt aufgesucht werden. Bei Verätzungen muss das Auge sofort gründlich mit viel Wasser ausgespült und anschließend ebenfalls sofort ein Augenarzt aufgesucht werden.

In wesentlichen *Bauprinzipien* stimmt das Auge mit einer Fotokamera überein. Im Auge wird aber nicht nur abgebildet, sondern auch mit der *Bildverarbeitung* begonnen. Die Auswertung des Bildes erfolgt im Gehirn. ↗ Gehirn, S. 70

Vernetzung: Physik

Sehvorgänge im Auge

Lichtstrahlen, die von einem beleuchteten Gegenstand auf das Auge fallen, erreichen über Hornhaut, Linse und Glaskörper schließlich die Netzhaut.

Lichtbrechung durch Hornhaut und Linse. Zunächst werden die Lichtstrahlen von der Hornhaut, anschließend von der Linse gebrochen. Auf der Netzhaut wird ein Gegenstand dann verkleinert und umgekehrt abgebildet. Das Gehirn korrigiert diesen Seheindruck.

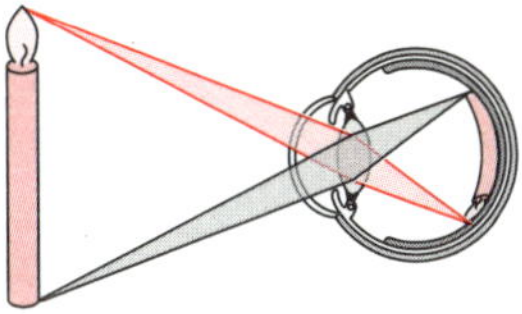

Das Bild auf der Netzhaut (Der Einfachheit halber sind die Lichtstrahlen nur einmal gebrochen dargestellt – tatsächlich werden sie mehrmals gebrochen.)

Scharfeinstellung (Akkomodation). Die Augenlinse ist elastisch.

- Je gewölbter sie ist, desto stärker bricht sie die Lichtstrahlen. Nahegelegene Gegenstände werden bei stark gewölbter Linse auf der Netzhaut scharf abgebildet (Naheinstellung).
- Je flacher die Linse ist, desto weniger bricht sie die Lichtstrahlen. Weiter entfernte Gegenstände werden bei flacher Linse auf der Netzhaus scharf abgebildet (Ferneinstellung).
  An der Scharfeinstellung sind die Ziliarmuskeln und die Linsenbänder beteiligt.

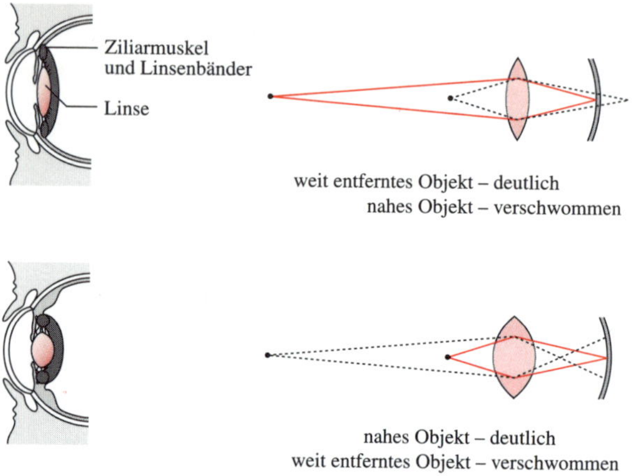

Scharfeinstellung

Bei jungen Menschen ist die Linse besonders elastisch. Sie können Gegenstände bis zu 8 cm vor dem Auge scharf sehen. Mit zunehmendem Alter lässt die Linsenelastizität nach.

Bei Augenfehlern wie Kurzsichtigkeit, Weitsichtigkeit und Altersweitsichtigkeit ist die Scharfeinstellung beeinträchtigt.

- Bei *Kurzsichtigkeit* ist der Augapfel zu lang, auf der Netzhaut entsteht nur ein unscharfes Bild von weiter entfernten Gegenständen. Zur Korrektur hilft hier eine Brille mit Zerstreuungslinsen.
- Bei *Weitsichtigkeit* ist der Augapfel zu kurz, auf der Netzhaut werden nahe Gegenstände unscharf abgebildet. Zur Korrektur hilft eine Brille mit Sammellinsen.
  Kurz- und Weitsichtigkeit sind angeborene Sehfehler.
- *Altersweitsichtigkeit* ist eine Alterserscheinung. Die Linse verliert ihre Elastizität und bleibt flach. Auf der Netzhaut erscheinen nahe Gegenstände unscharf. Brillen mit Sammellinsen können korrigieren. Sie sind nur für das Sehen in der Nähe notwendig.

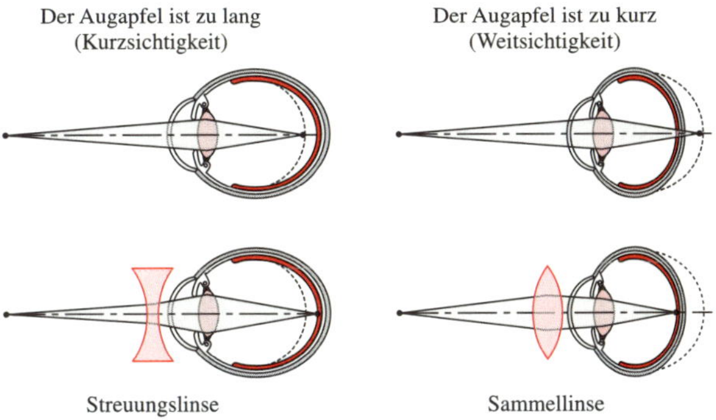

Kurz- und Weitsichtigkeit

Überlege: Zeichnet man den Strahlengang des Lichtes durch das Auge, so sind die Strahlen an der gewölbten Fläche von Hornhaut und Linse zu brechen. (In der Abbildung sind sie zur Vereinfachung nur an der Linse gebrochen.) Entsprechend findet Lichtbrechung auch an der Oberfläche von Brillengläsern statt. Welche Bedeutung haben damit nach außen gewölbte (konvexe) Brillengläser, welche nach innen gewölbte (konkave)?

Vernetzung: Physik

Schärfentiefe. Bei starkem Lichteinfall wird die Pupille verengt, bei schwachem Licht wird sie erweitert. Der Vorgang läuft unwillkürlich ab und heißt *Pupillenreflex.* Diese Anpassung der Pupille *(Adaptation)* wird durch die Muskeln der Iris bewirkt *(Irisblende).* Je kleiner die Pupille, desto größer ist der Bereich des scharfen Sehens, die Schärfentiefe.

Bau und Funktion der Netzhaut

Vor den lichtundurchlässigen Zellen der Pigmentschicht liegt die Netzhaut. In ihr befinden sich Millionen von lichtempfindlichen Sehsinneszellen: die längeren schlanken heißen *Stäbchen,* die kürzeren dicken nennt man *Zapfen.*

- Die Stäbchen sind für das *Hell-Dunkel-Sehen* und das *Dämmerungssehen* zuständig. Sie sprechen schon auf sehr schwaches Licht an.
- Die Zapfen brauchen viel helleres Licht. Sie dienen dem *Farbensehen.*

Die Sehsinneszellen enthalten den lichtempfindlichen Farbstoff *Sehpurpur.* Unter Lichteinfall zerfällt er und baut sich anschließend wieder auf. Stoffe, die beim Zerfallen des Sehpurpurs entstehen, bewirken, dass die Sehsinneszelle *elektrische Signale (Erregung)* abgibt. *Schaltzellen,* die an die Sehsinneszellen anschließen, nehmen die Signale auf und verrechnen die Information. Diese werden wiederum als elektische Signale über Nervenzellen, deren Fasern sich zum Sehnerv bündeln, zum Sehzentrum des Gehirns geleitet.

Drei verschiedene Typen von Zapfen mit unterschiedlichem Sehfarbstoff sind jeweils auf eine Farbe spezialisiert. Das Gehirn vergleicht die Signale von benachbarten Zapfen und verrechnet sie zu einem *Farbeindruck.*

Sehsinneszellen wandeln also Lichtreize in Nervensignale um.

Zeitliches Auflösungsvermögen und Filmsehen. Treffen mehr als 18 Bilder pro Sekunde auf die Netzhaut, können wir die aufeinander folgenden Einzelbilder nicht mehr ganz auseinanderhalten. Es entsteht ein Eindruck einer zusammenhängenden Bewegung. Beim Filmsehen macht man sich dies zu Nutze. Filmgeräte liefern 18–24 Bilder pro Sekunde.

Räumliches Sehen. Die Bilder, die in der Netzhaut der beiden Augen entstehen, sind auf Grund der unterschiedlichen Augenposition nicht genau deckungsgleich. Jedes Auge sendet etwas unterschiedliche Informationen an das Gehirn. Das Gehirn verarbeitet diese zu einem räumlichen Eindruck. Nahe Gegenstände erscheinen räumlicher als ferne. So können wir Entfernungen einschätzen.

Die Rolle des Gehirns beim Sehen

Optische Täuschungen, Farbensehen, Filmsehen und räumliches Sehen mit zwei Augen zeigen, dass Sehen eine Gemeinschaftsleistung von Augen und Gehirn ist.

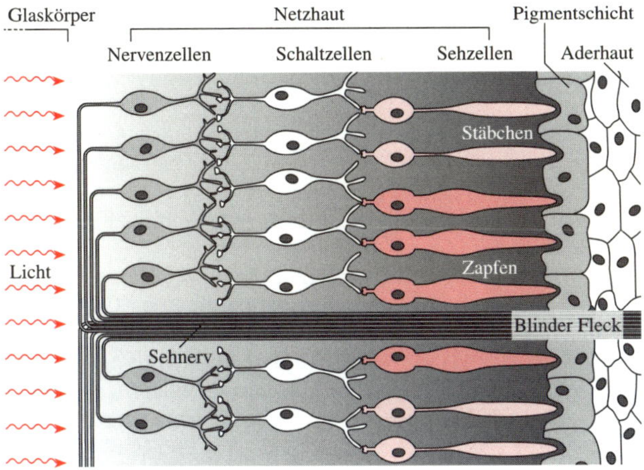

Aufbau der Netzhaut

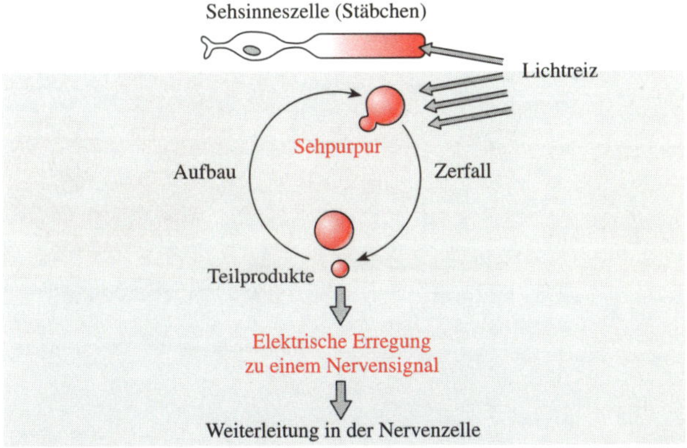

Umwandlung von Lichtreizen in Nervensignale

1.2 Hören

Dem Hörsinn kommt für die Verständigung mit den Mitmenschen eine besondere Bedeutung zu.

Der Bau des Ohres

Beim Ohr lassen sich Außenohr, Mittelohr und Innenohr unterscheiden.

- Das *Außenohr* besteht aus Ohrmuschel, Gehörgang und Trommelfell.
- Im *Mittelohr* liegen die Gehörknöchelchen (Hammer, Amboss und Steigbügel). Das Mittelohr ist durch einen Gang mit der Mundhöhle verbunden.
- Das *Innenohr* ist mit wässriger Flüssigkeit (Ohrlymphe) gefüllt. Es umfasst drei Bogengänge für den Drehsinn, zwei Vorhofsäckchen für den Lagesinn und die Schnecke, das eigentliche *Hörorgan.* Das Innere der Schnecke ist in drei Gänge unterteilt. Im Schneckengang befinden sich die *Hörsinneszellen.*

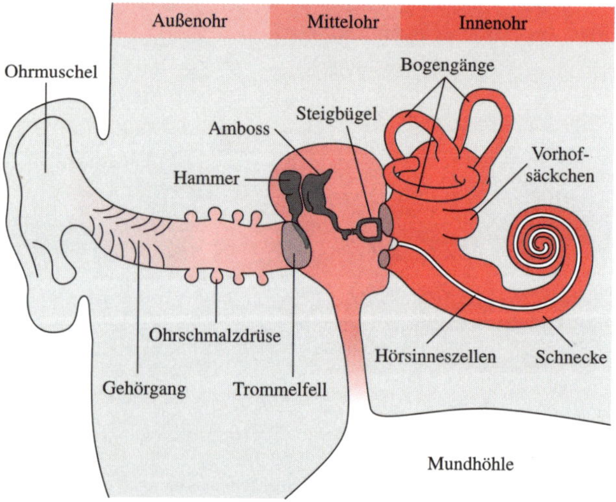

Bau des Ohres

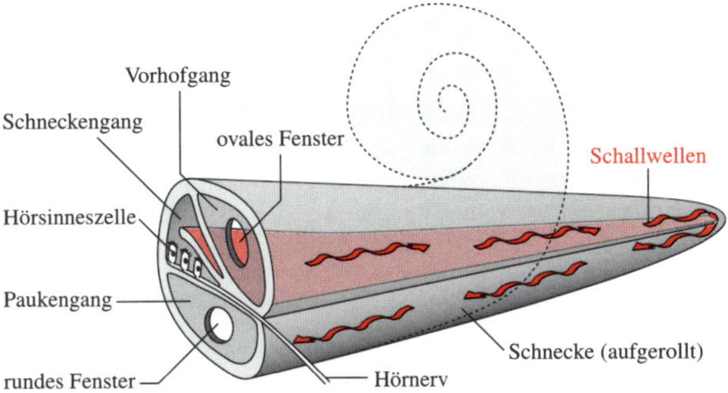

Bau des Innenohres

Schallübertragung im Ohr

Die *Ohrmuscheln* fangen Luftschwingungen (Schall) auf. Durch den Gehörgang gelangen sie zum *Trommelfell* und versetzen dieses in Schwingung. Dadurch werden die Gehörknöchelchen mitbewegt. Auf Grund ihrer Hebelwirkung haben sie Verstärkerfunktion.

Am *ovalen Fenster* wird die Ohrlymphe des Innenohres in Schwingung versetzt. Die Schwingungen der Ohrlymphe reizen die *Härchen* der *Hörsinneszellen.*

Der *Hörnerv* leitet die Reize als Erregungen zum Gehirn, wo der Höreindruck entsteht.

Der Ausgleich des Schalldrucks erfolgt über das *runde Fenster.*

→ **Vernetzung:** Physik

Leistungen des Gehörs

Tonhöhe. Der Unterschied zwischen hohen und tiefen Tönen besteht in der Zahl der Schwingungen pro Zeiteinheit. Die Maßeinheit der Schallfrequenz ist Hertz (Hz). 1 Hz bedeutet 1 Schallwelle pro Sekunde. Im vorderen Teil der Schnecke werden die hohen, weiter hinten die tiefen Töne registriert. Durch die örtliche Zuordnung innerhalb der Schnecke kann das Gehirn die Töne unterscheiden. Der Mensch kann im Frequenzbereich zwischen 16 Hz und 20.000 Hz hören.

Lautstärke. Die Stärke des Schalldrucks wird als Lautstärke wahrgenommen. Je stärker der Schalldruck, desto mehr Signale senden die Hörsinneszellen an das Gehirn. Die Maßeinheit der Lautstärke ist Dezibel (dB).

Richtungshören. Den Zeitunterschied zwischen dem Eintreffen des Schalls im einen und im anderen Ohr können wir wahrnehmen. Aus dem winzigen Zeitunterschied ermittelt das Gehirn die Richtung, aus welcher der Schall kommt. Bei der *Stereowiedergabe* von Musik wird dieser Effekt ausgenutzt.

Vernetzung: Physik, Musik

Großer Lärm ab 100 dB, der über längere Zeit auf das Ohr einwirkt, zerstört die Hörsinneszellen. Schwerhörigkeit oder sogar Taubheit können die Folge sein. Sehr laute Discos sollte man deshalb besser meiden, den Walkman nie zu laut stellen. An lauten Arbeitsplätzen muss Gehörschutz getragen werden.

1.3 Drehsinn und Lagesinn

Drehsinn. In den *Bogengängen* des Innenohres registrieren Sinneszellen die Strömung der Ohrlymphe als *Drehbewegungen.*

Lagesinn. In den Vorhofsäckchen unterhalb der Bogengänge registrieren Sinneszellen *Lageveränderungen* des Kopfes.

Drehsinn und Lagesinn bilden zusammen den *Gleichgewichtssinn.*

1.4 Riechen und Schmecken

Riechen. Duftstoffe werden durch den Geruchssinn wahrgenommen. Sie gelangen mit der eingeatmeten Luft in die Na-

senhöhle, in deren oberem Bereich die *Riechfelder* mit den *Riechzellen* liegen. Die Zahl der riechbaren Substanzen wird auf weit mehr als 1 Million geschätzt. Mehr als 1.000 verschiedene Duftstoffe lassen sich *unterscheiden.* Werden die Riechzellen gereizt, schicken sie Signale über den *Riechnerv* zum Gehirn, wo der Geruchseindruck entsteht.
Der Geruchssinn dient u. a. zur Überprüfung der Atemluft. Manche gefährlichen Gase wie das Auspuffgas Kohlenmonoxid können wir aber nicht wahrnehmen.
Schmecken. Auf der Zunge können *Geschmacksknospen* gelöste Stoffe wahrnehmen. Dabei können lediglich vier verschiedene *Geschmacksrichtungen* unterschieden werden: sauer, süß, salzig und bitter. Jeder dieser Geschmacksrichtungen ist ein bestimmter Bereich auf der Zunge zugeordnet. Die meisten Geschmacksreize sind Mischungen aus den vier Geschmacksqualitäten.
Der Gesamteindruck, den wir beim Essen wahrnehmen, entsteht durch die gleichzeitige Reizung der Geschmacksknospen und der Riechzellen. Auch hier wirken Verrechnungsvorgänge im Gehirn mit.

1.5 Die Haut als Sinnesorgan

Neben zahlreichen anderen Aufgaben nimmt die Haut als Sinnesorgan Reize für Berührung, Druck, Temperatur und Schmerz auf.

Aufbau der Haut

Von außen nach innen gliedert sich die Haut in drei Schichten, in Oberhaut, Lederhaut und Unterhaut.

- Die *Oberhaut* ist dünn und besteht aus *Hornhaut* und *Keimschicht.* Die untersten Keimschichtzellen bilden die *Pigmentschicht.*
- Die *Lederhaut* ist dicker. Sie besteht aus Bindegewebe, in das Blutgefäße, Muskelzellen, Schweiß- und Talgdrüsen, Haarwurzeln, Nerven und Sinneskörperchen eingelagert sind.
- Die *Unterhaut,* die dickste der drei Hautschichten, enthält hauptsächlich Fettgewebe. Auch hier befinden sich Sinneskörperchen.

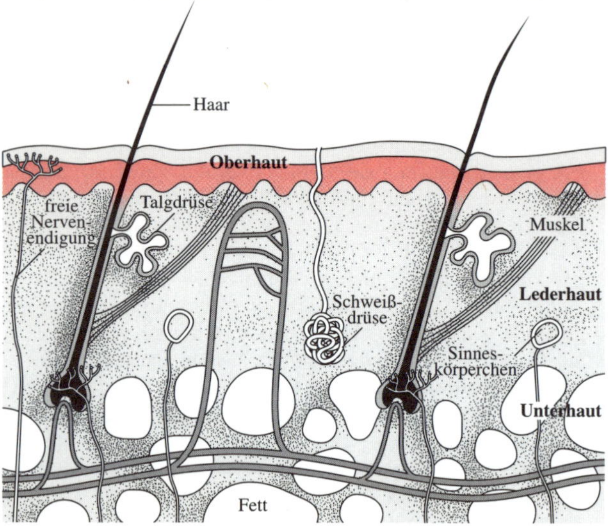

Aufbau der Haut

Sinne der Haut

In der Haut liegen verschiedene Sinne für *Berührung* und *Druck,* für Temperatur und Schmerz.

- Drucksinneskörperchen sowie freie Nervenendigungen, die die Haarwurzeln umspinnen, sind für die Wahrnehmung von *Berührung* und *Druck* zuständig.
- Andere freie Nervenendigungen werden bei Temperaturänderungen gereizt. Der *Temperatursinn* besteht aus *Kältesinn* und *Wärmesinn. Kältepunkte* werden durch Temperaturen unter 36 °C gereizt, *Wärmepunkte* bei höheren Temperaturen.
- Auch für *Schmerzempfindungen* sind bestimmte freie Nervenendigungen verantwortlich.

Weitere Aufgaben der Haut

Außer als Sinnesorgan dient die Haut als *Grenzfläche zur Außenwelt* und ist mit etwa 2 m^2 Fläche das größte menschliche Organ. Sie *schützt vor Austrocknung* des Körpers, v*or Verletzungen, Strahlung* und *Krankheitserregern* und ist an der *Re-*

gulierung der Körpertemperatur beteiligt. Darüber hinaus dient sie auch der *Ausscheidung,* denn Millionen von Schweißdrüsen scheiden mit dem Schweiß auch Kochsalz, Fettsäuren, Harnstoff und Harnsäure aus.

Überlege: In einer Tabelle lassen sich die Bauteile der Haut und die ihnen entsprechenden Funktionen zusammenstellen.

2 Nervenzellen und Nervensystem

2.1 Vom Reiz zur Reizbeantwortung

Ein Reiz wirkt auf ein Sinnesorgan ein. Ist der Reiz stark genug, bilden die Sinneszellen *elektrische Impulse.* Ist der Reiz zu schwach, werden keine Impulse gebildet. Je stärker der Reiz, desto größer ist die Anzahl der Impulse.

Über *sensorische Nerven* werden die Impulse als *Erregungen* zum *Gehirn* geleitet. Das Gehirn *wertet* die Meldungen *aus* und entwirft einen *Reaktionsplan.*

Über *motorische Nerven* sendet das Gehirn dann seine Befehle ebenfalls als elektrische Erregungen an die *Erfolgsorgane*, dies sind Muskeln und Drüsen.

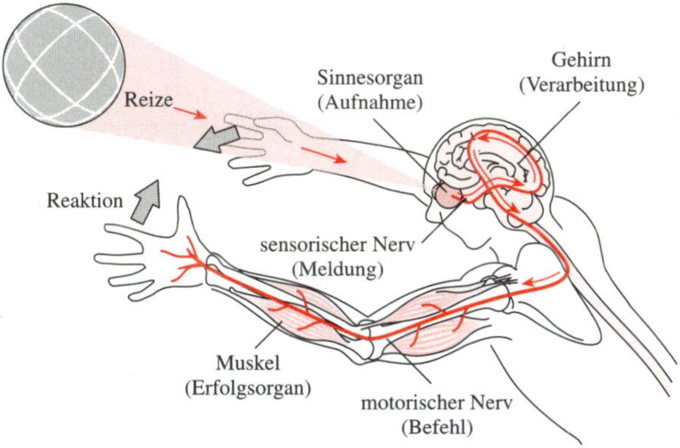

Reiz und Reaktion

2.2 Bau der Nervenzellen

Am *Zellkörper* setzen viele fein verzweigte Fortsätze an, die *Dendriten.* An einer Stelle des Zellkörpers entspringt ein langer dünner Fortsatz, das *Axon (Nervenfaser).* Das Axon verzweigt sich an seinem Ende. Jede Verzweigung endet in einer Verdickung, dem *Endknöpfchen.*

Die Axone vieler Nervenzellen sind von *Hüllzellen* umgeben. Zwischen den einzelnen Hüllzellen bleibt ein kleiner Spalt, der *Schnürring.*

Jede Nervenzelle ist über seine Dendriten und das Axon mit anderen Nervenzellen sowie mit Muskel- oder Drüsenzellen ver-

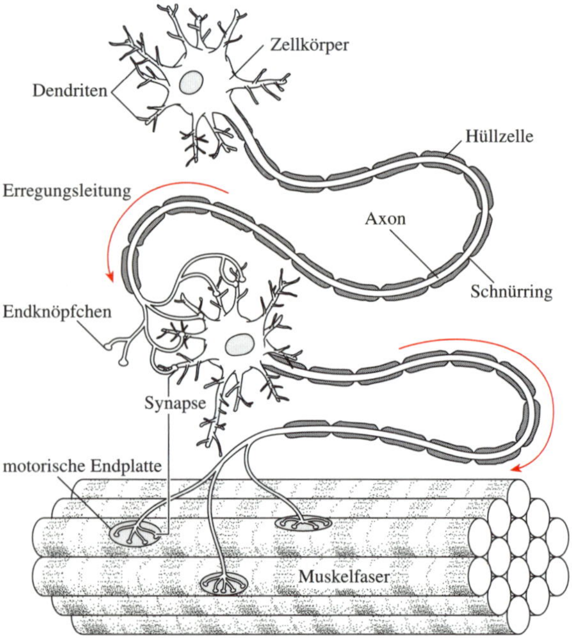

Bau der Nervenzellen

bunden. Die Kontaktstellen heißen *Synapsen.* Zwischen dem Endknöpfchen und der Folgezelle liegt ein winziger *synaptischer Spalt.*

2.3 Arbeitsweise der Nervenzellen

Während die Erregungen über das Axon als *elektrische Impulse* laufen, werden sie am synaptischen Spalt durch *Überträgerstoffe (Transmitter)* weitervermittelt. Je mehr Impulse pro Zeiteinheit an der Synapse eintreffen, umso mehr Überträgerstoff wird freigesetzt und umso mehr Impulse entstehen in der Folgezelle. Dabei geben Synapsen die Information immer nur in eine Richtung weiter.
Meist hat eine Nervenzelle viele synaptische Verbindungen mit Nachbarzellen. Sie *verrechnet* die unterschiedlichen Eingänge miteinander. So ergibt sich für sie ein bestimmter eigener Erregungszustand.

? **Überlege:** Welche Vorgänge laufen ab, wenn beim Handballspiel (wie in der Abbildung auf Seite 67 zu sehen) der Ball gefangen wird?

2.4 Das Nervensystem

Das Nervensystem des Menschen steht mit allen Bereichen des Körpers in Verbindung und sorgt für eine sinnvolle Zusammenarbeit aller Organe.

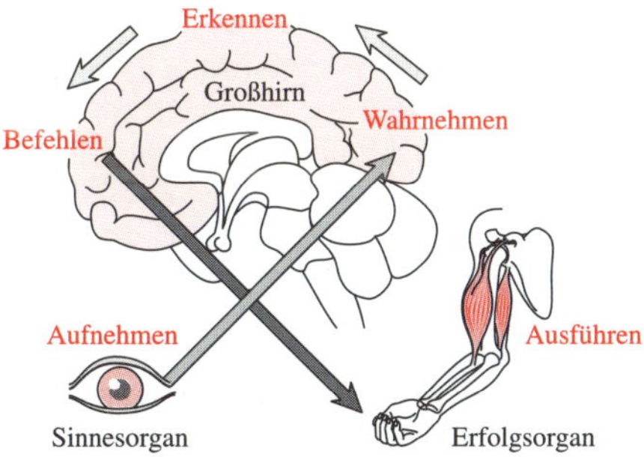

Sinneswahrnehmung, Gehirnleistung, Muskeltätigkeit

- *Gehirn* und *Rückenmark* bilden das *Zentralnervensystem.*
- *Nerven,* die zum Zentralnervensystem hinführen oder von ihm ausgehen bilden das *periphere Nervensystem.*
- Vom *vegetativen Nervensystem* werden viele Körpervorgänge wie Blutkreislauf, Atmung und Verdauung unwillkürlich beeinflusst.

Das Gehirn

Wahrnehmung, Erinnerung, Denken, Willensbildung und die Steuerung von Körpervorgängen finden im Gehirn statt.

Schutz des Gehirns. Die Fettschicht der Kopfhaut und die Haare schützen das Gehirn vor Wärmeverlust. Feste Schädelknochen schützen es vor Druck und Verletzungen. Drei Häute umgeben das Gehirn: die harte Hirnhaut, die Spinnengewebshaut und die weiche Hirnhaut. Sie schützen das Gehirn vor Krankheitserregern und versorgen es mit Nährstoffen und Sauerstoff.

Die fünf Teile des Gehirns. Das Gehirn ist untergliedert in Großhirn, Kleinhirn, Zwischenhirn, Mittelhirn und Nachhirn.

- Das *Großhirn* ist in zwei Hälften *(Hemisphären)* geteilt. Sie sind über einen dicken Nervenstrang, den *Balken,* miteinander verbunden. Die äußere *Graue Substanz* des Großhirns besteht aus Zellkörpern von Nervenzellen, die innere *Weiße Substanz* aus Axonen. Die *Großhirnrinde* ist stark eingefaltet. Alles, was wir denken, planen und veranlassen, geht von der Großhirnrinde aus. Hier liegen Wahrnehmungsfelder, Erinnerungsfelder, Felder für motorische Handlungen sowie für Gedächtnis- und Willensleistungen.
- Das *Kleinhirn* sorgt für den harmonischen Ablauf von Bewegungen.
- Im *Zwischenhirn* liegen *Thalamus* und *Hypothalamus.* Der Thalamus ist Schaltstation zur Großhirnrinde, steuert aber auch unbewusst ablaufende Vorgänge. Der Hypothalamus ist die oberste Befehlsstelle des vegetativen Nervensystems.
- *Mittelhirn, Nachhirn* und Zwischenhirn werden als *Stammhirn* zusammengefasst. Das Stammhirn steuert unbewusste Vorgänge wie Atmung, Hunger- und Durstempfinden, Schlafen und Wachen und den Wasserhaushalt.

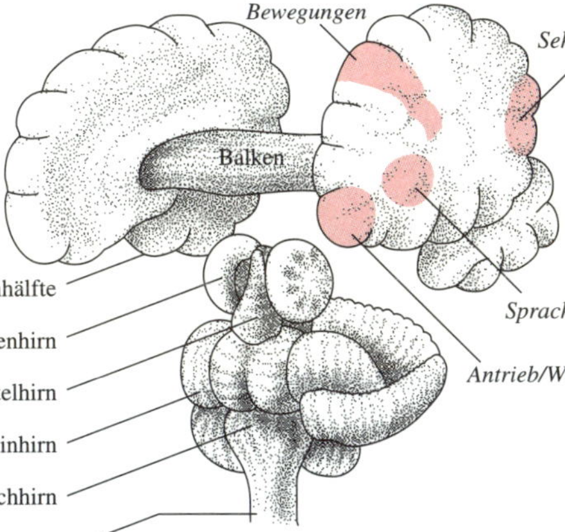

Die Teile des Gehirns und Felder der Großhirnrinde

Gedächtnis. Das Gedächtnis ist die Fähigkeit des Gehirns, Informationen zu speichern und bei Bedarf abrufen zu können. Man unterscheidet drei Stufen des Gedächtnisses: das *Ultrakurzzeit-Gedächtnis,* das *Kurzzeit-Gedächtnis* und das *Langzeit-Gedächtnis.*

Das Rückenmark

Das Rückenmark liegt als fingerdicker Strang im Wirbelkanal der Wirbelsäule. Es ist für viele sensorische und motorische Nerven die *Durchgangsstation* zum Gehirn. Daneben ist das Rückenmark ein selbstständig arbeitendes *Reflexorgan.*
Reflexe. In der *grauen Substanz* des Rückenmarks liegen *Schaltzellen.* Über sie laufen unwillkürliche Reaktionen des Körpers *(Reflexe)* ab, bei denen das Rückenmark die Umschaltstelle für die Erregungen ist und das Gehirn gar nicht eingreift. Reflexe sind angeboren und haben meist Schutzfunktion. Zu ihnen zählen als „Stolperreflex" der *Kniesehnenreflex* und der *Rückziehreflex* der Hand.

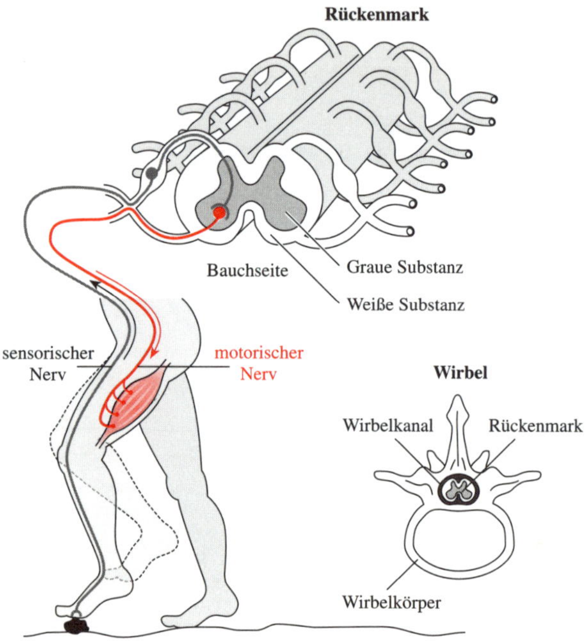

Reflex

Überlege: Welche Stationen der Reizleitung und Reizverarbeitung fehlen bei einem Reflex?
Beschreibe die Stationen der Reizleitung, wenn man seine Hand reflexartig von einer heißen Herdplatte zurückzieht.

Das periphere Nervensystem

Das periphere Nervensystem dringt in fast jeden Bereich des Körpers vor. Es besteht aus *sensorischen Nerven,* die Erregungen zum Rückenmark und Gehirn hinführen, und *motorischen Nerven,* die Erregungen von dort an Muskeln und Drüsen weiterleiten.

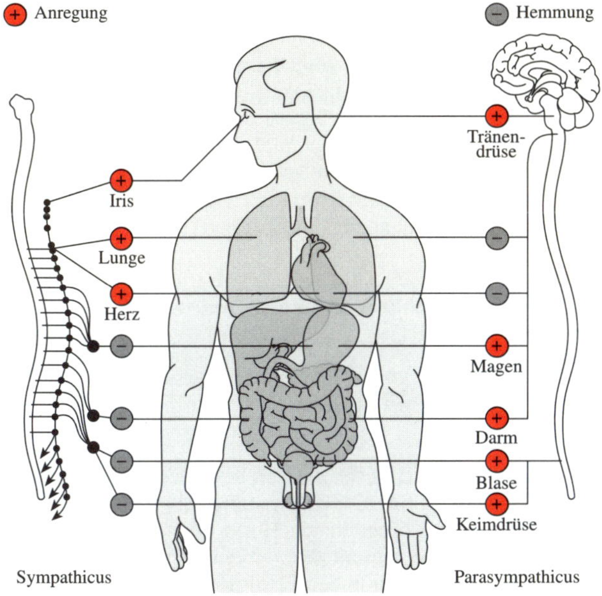

Sympathicus und Parasympathicus

Das vegetative Nervensystem

Das vegetative Nervensystem steuert die Funktion der inneren Organe und wird auch als Eingeweidenervensystem bezeichnet. Es arbeitet selbstständig und ohne dass es willentlich beeinflusst werden kann.

Das vegetative Nervensystem besteht aus zwei Teilsystemen, dem *Sympathicus* und dem *Parasympathicus.*

- Der Sympathicus wird von zwei Nervensträngen gebildet, die links und rechts der Wirbelsäule verlaufen und Verbindung zum Rückenmark haben.
- Der Parasympathicus besteht aus einem Gehirnnervenpaar und einigen Rückenmarksnerven.

Die Verzweigungen von beiden erreichen alle inneren Organe.

Sympathicus und Parasympathicus arbeiten als Gegenspieler und wirken teils anregend, teils hemmend auf die einzelnen Organe. Dabei wirkt der Sympathicus *anregend* auf Organe, die die körperliche Leistungsfähigkeit steigern. Der Parasympathicus wirkt aktivierend auf Organe, die der *Energieeinsparung, Erholung* und dem *Körperaufbau* dienen. Bei einer plötzlich auftretenden Notsituation beispielsweise erhöht der Sympathicus den Herzschlag und hemmt die Darmtätigkeit. In der anschließenden Entspannungsphase arbeitet der Parasympathicus.

? **Überlege:** Wie arbeitet das vegetative Nervensystem nach einer Mahlzeit mit anschließender Ruhe? Welche Organe sind in besonderer Tätigkeit?

3 Hormondrüsen und Hormone

3.1 Hormone

Hormone sind Wirkstoffe, die von besonderen *Hormondrüsen* gebildet werden. Sie sind Botenstoffe, die der Informationsübermittlung im Körper dienen. Hormone werden mit dem Blut im ganzen Körper verteilt und wirken in geringsten Mengen. Nur bestimmte Zellen in den Erfolgsorganen sprechen auf die jeweiligen Hormone an.
Durch Hormone werden Informationen langsamer transportiert als durch Nerven. Da Hormone aber längere Zeit im Blutkreislauf bleiben, hält auch ihre Wirkung länger an.

3.2 Hormondrüsen

Die Abbildung auf Seite 75 zeigt die Hormondrüsen des Menschen.

1 Zirbeldrüse (Epiphyse): Ihre Hormone beeinflussen die Reifung der Geschlechtsmerkmale.

2 Hirnanhangsdrüse (Hypophyse): Sie bildet mehr als zehn Hormone, die den gesamten Hormonhaushalt des Körpers steuern und auch das Längenwachstum sowie die Bildung der Keimzellen beeinflussen.

3 Schilddrüse: Eines ihrer Hormone beeinflusst den Stoffwechsel aller Zellen.

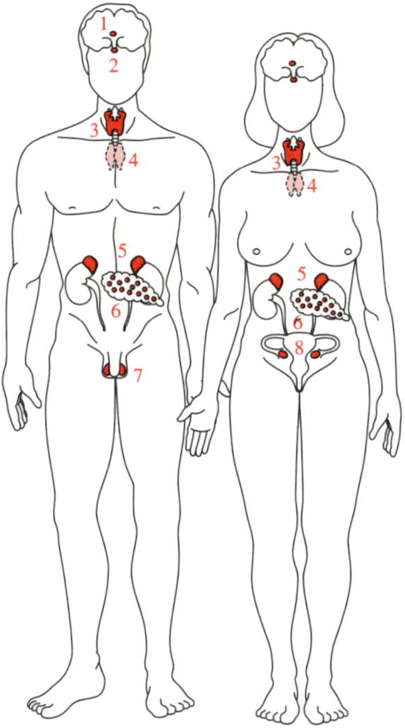

Hormondrüsen

4 *Thymusdrüse: Sie ist bei Kindern besonders ausgeprägt, bildet sich von der Pubertät an zurück und beeinflusst die Entwicklung des Immunsystems.*
5 *Nebennieren: Hormone des Nebennierenmarks steigern die Leistungsbereitschaft des Körpers. Die Hormone der Nebennierenrinde mobilisieren als Stresshormone die letzten Reserven des Körpers.*
6 *Bauchspeicheldrüse: Die Langerhans'schen Inseln der Bauchspeicheldrüse bilden Hormone, die den Blutzuckerspiegel beeinflussen.*
7 *Männliche Keimdrüsen (Hoden): Sie erzeugen männliche Geschlechtshormone, die die Ausbildung der Geschlechtsmerkmale und die Bildung befruchtungsfähiger Spermien bewirken.*
8 *Weibliche Keimdrüsen (Eierstöcke): Sie bilden Geschlechtshormone, die zusammen mit Hypophysenhormonen den Zyklus der Frau regeln.*

3.3 Die Schilddrüse und ihr Hormon

Die Schilddrüse ist etwa 30 g schwer und sie bildet täglich 100–300 mg jodhaltiges *Thyroxin* (1 mg = 1 Mikrogramm = 1 Millionstel Gramm). Thyroxin beeinflusst den *Stoffwechsel* des Körpers. ↗ Stoffwechsel und Stofftransport, S. 101
Die Herstellung von Thyroxin in der Schilddrüse wird von Hormonzellen im Gehirn und in der Hypophyse veranlasst.

Die Steuerung des Stoffwechsels:

- Umweltreize wie Kälte werden zum Gehirn gemeldet.
- Zellen des Gehirns veranlassen die Hypophyse, ein anregendes Hormon zu bilden.
- Das Hypophysenhormon veranlasst die Schilddrüse, Thyroxin zu bilden
- Thyroxin steigert den Stoffwechsel, die Körpertemperatur wird erhöht.
- Durch Rückmeldung zur Hypophyse wird die Thyroxinkonzentration geregelt.

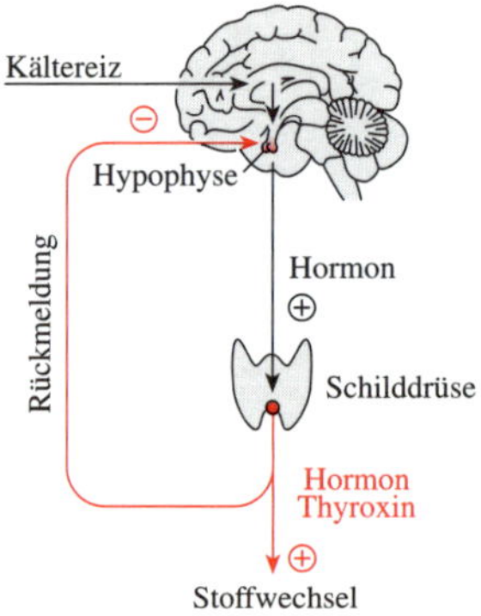

Hormonbildung in der Schilddrüse

Schilddrüsenüberfunktion. Bildet die Schilddrüse zu viel Thyroxin, steigt der Stoffwechsel krankhaft stark an. Dies führt zu Pulsbeschleunigung, Unruhe und Gewichtsverlust.
Schilddrüsenunterfunktion. Bildet die Schilddrüse zu wenig Thyroxin, sinkt der Stoffwechsel stark ab. Dies führt zu Müdigkeit, körperlicher und geistiger Trägheit.
Thyroxinmangel von Geburt an beeinträchtigt die geistige Entwicklung.

3.4 Die Bauchspeicheldrüse und die Blutzuckerregulation

Die Bauchspeicheldrüse (Pankreas) hat eine zweifache Aufgabe: Sie bildet *Verdauungssäfte* sowie *Hormone zur Blutzuckerregulation.* ↗ Stoffwechsel und Stofftransport, S. 101

Zellen der *Langerhans'schen Inseln* in der Bauchspeicheldrüse geben die Hormone *Insulin* und *Glukagon* ins Blut ab.

- Insulin veranlasst die Zellen von Leber und Muskeln, Traubenzucker (Glukose) aus dem Blut aufzunehmen und zu Glykogen umzuwandeln. Die Konzentration des Blutzuckers (der Blutzuckerspiegel) sinkt auf diese Weise.
- Glukagon veranlasst die Zellen von Leber und Muskeln, Glykogen wieder in Traubenzucker umzuwandeln und in das Blut zurückzugeben. So steigt der Blutzuckerspiegel.

Nach einer *kohlenhydratreichen Mahlzeit* gelangt vermehrt Traubenzucker ins Blut, der Blutzuckerspiegel steigt. Nun gibt die Bauchspeicheldrüse Insulin ins Blut ab, der nicht benötigte Traubenzucker wird als Glykogen gespeichert.
Bei *körperlicher Belastung* wird mehr Traubenzucker benötigt, der Blutzuckerspiegel sinkt. Nun gibt die Bauchspeicheldrüse Glukagon ins Blut ab, das gespeichertes Glykogen in Traubenzucker rückumwandelt.
Da der Blutzuckerspiegel also stets Schwankungen ausgesetzt ist, muss er über die Gegenspieler Insulin und Glukagon genau reguliert werden.
Ein gesunder Mensch hat 80–100 mg Glukose in 100 ml Blut. Bei *Zuckerkrankheit (Diabetes)* wird nicht ausreichend Insulin gebildet, Glukose häuft sich im Blut an. Augen, Nerven und Nieren können geschädigt werden.

Mit speziellen Teststreifen lässt sich Glukose im Urin nachweisen. So ist eine Früherkennung von Diabetes leicht möglich. Krankenkassen bieten kostenlose Vorsorgeuntersuchungen an.

3.5 Nebennieren und Stress

Der Körper kann sich sowohl an plötzliche Notsituationen als auch an Dauerbelastungen anpassen.

- Bei einer *raschen Anpassung* an eine Notsituation *(fight-or-flight-Situation)* veranlasst das vegetative Nervensystem das *Nebennierenmark*, schlagartig das Hormon *Adrenalin* freizusetzen. Adrenalin erhöht den Herzschlag, die Atmung und hemmt die Magen- und Darmtätigkeit.

- Bei einer *länger anhaltenden Dauerbelastung (Stress)* reicht Adrenalin allein nicht aus. Die *Nebennierenrinde* bildet *stoffwechselanregende Hormone* wie z. B. Cortisol. Der Mensch kann nun über längere Zeit Hitze, Kälte, Hunger und auch seelische Belastungen aushalten. Hält dieser *Stress* aber zu lange an, kann die Leistungsfähigkeit des Körpers überfordert sein. Stress-Schäden wie Gefäßkrankheiten und Herzinfarkt können eintreten.

Überlege: Wie wirken bei Notsituationen Nervensystem und Hormonsystem zusammen?
Ein „fight-or-flight-Zustand“ kann sich in Sekundenschnelle einstellen. Begründe, warum dies so schnell geht.
Der „Stress-Zustand“ entwickelt sich nach Tagen und Wochen. Welche Informationsüberträger des Körpers sind beteiligt?

3.6 Regelkreise im Körper

Unter gleich bleibenden äußeren Bedingungen hält der Körper den Stoffwechsel auf konstantem Wert. Auftretende Abwei-

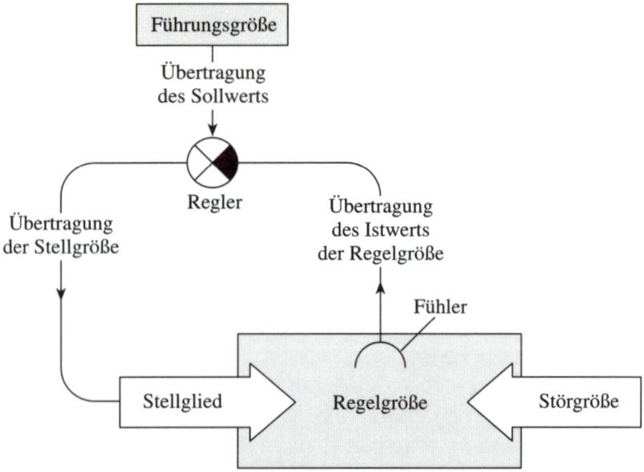

Allgemeines Regelkreisschema

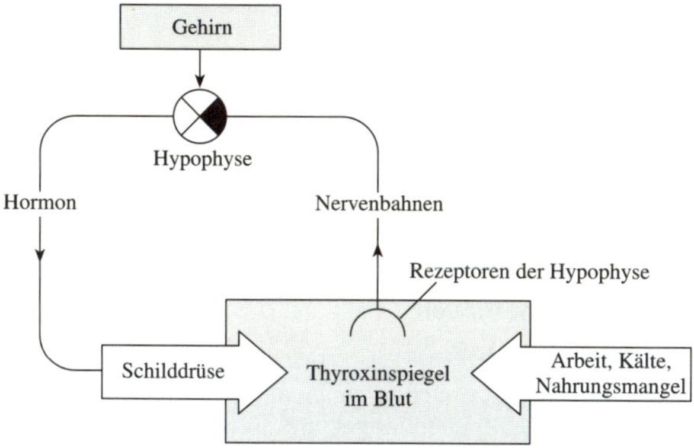

Beispiel: Regelung des Thyroxin-Spiegels im Blut

chungen der Außeneinflüsse werden ausgeglichen (geregelt). Die *Regelung* wird über Nerven und Hormone vorgenommen. *Regelkreise* veranschaulichen das Prinzip der Regelung.

Bestandteile eines Regelkreises sind:
- die *Regelgröße* – der Zustand, der geregelt werden soll,
- der *Fühler* – die Messeinrichtung für den Istwert,
- die *Führungsgröße* – die den Sollwert vorgibt,
- der *Regler* – der Istwert und Sollwert vergleicht und nötige Korrekturen veranlasst,
- das *Stellglied* – das Ausführungsorgan für die Korrektur.

Überlege: Neben dem Stoffwechsel werden u. a. auch der Blutdruck, der Blutzuckerspiegel oder die Lichtmenge auf der Netzhaut *geregelt.* Jeder dieser Vorgänge lässt sich in einem Regelkreis veranschaulichen.

Verhalten des Menschen

1 Fragen und Methoden

1.1 Was ist Verhalten?

Als „Verhalten“ bezeichnet man alle beobachtbaren Bewegungsabläufe, Körperstellungen und Lautäußerungen von Tieren und Menschen.

Nach Form und Ablauf lassen sich bestimmte Abschnitte aus dem Gesamtverhalten abgrenzen, die man als *Verhaltensweisen* bezeichnet. Diese Verhaltensweisen kann man den Bereichen Ruhe, Fortbewegung, Körperpflege, Nahrungserwerb, Angriff und Flucht sowie Fortpflanzung zuordnen.

1.2 Methoden der Verhaltensforschung beim Menschen

Die Verhaltensforschung macht auch Aussagen zum menschlichen Verhalten. Sie beschränkt sich dabei auf das, was von außen objektiv zu beobachten ist. Die an Tieren beobachteten Ergebnisse der Verhaltensforschung dürfen jedoch nicht einfach auf den Menschen übertragen werden. Der Tier-Mensch-Vergleich kann aber Anregungen zur Untersuchung menschlichen Verhaltens liefern.

Die grundlegende Methode der Verhaltensforschung ist das genaue *Beobachten* und das *Beschreiben* von Verhaltensweisen. Experimente am Menschen verbieten sich aus ethischen Gründen.

- Möglich sind *vergleichende Beobachtungen verschiedener Menschen,* aber auch der *Vergleich von Mensch und Tier.*
- *Beobachtungen von Säuglingen und taubblind geborenen Kindern* können Auskunft geben, ob Verhaltensweisen angeboren sind.

- Der *Vergleich von Menschen verschiedener Kulturen* zeigt, dass Ausdrucksbewegungen wie Lachen, Grüßen und Abwehr bei allen Menschen das gleiche Grundmuster zeigen.

2 Angeborenes Verhalten

Angeborene Verhaltensweisen laufen bei einem Lebewesen ab, ohne dass es vorher Erfahrungen in diesem Bereich sammeln konnte. Zu den *angeborenen Verhaltensweisen* bei Tieren zählen z. B. das Beutefangverhalten der Erdkröte oder der Nestbau des Stichlings. Meist sind angeborene und erlernte Verhaltensweisen verbunden.
Nur der Mensch ist in der Lage, auch angeborene Verhaltensweisen zu kontrollieren und bewusst zu steuern.

2.1 Verhalten bei Säuglingen

Säuglinge können durch Kopfbewegungen die Brust der Mutter suchen, sie können saugen, trinken, weinen und schreien. Anfangs greifen sie fest um jeden Gegenstand, der die Handflächen berührt (Greifreflex).
Das *sofortige Beherrschen* so komplizierter Vorgänge spricht dafür, dass diese angeboren sind.
Taubblind geborene Kinder können nicht durch Nachahmung lernen. Trotzdem lachen, weinen und zürnen sie und ihr Gesichtsausdruck ist dabei derselbe wie der gesunder Kinder. Auch dies spricht für angeborenes Verhalten.

2.2 Kindchenschema

Säuglinge und Kleinkinder lösen durch ihr Aussehen bei den Mitmenschen Zuwendung und Zärtlichkeit aus. Experimente mit Nachbildungen, so genannte *Attrappenversuche,* zeigen, dass verschiedene Merkmale das *Zuwendungsverhalten* auslösen: volle Wangen, große Augen, großer Kopf im Verhältnis zum sonstigen Körper, tollpatschige Bewegungen.
Für Säuglinge ist die *enge Mutter-Kind-Beziehung* oder die enge Beziehung zu einer anderen festen Bezugsperson überlebensnotwendig. Aus dieser engen emotionalen Beziehung ent-

wickelt sich später ein Vertrauen zur Umwelt, das so genannte *Urvertrauen.* Es ist Voraussetzung für eine gesunde Persönlichkeitsentwicklung.

2.3 Schlüsselreize

Die Merkmale (Reize) des Kindchenschemas bewirken bei Menschen aller Kulturkreise Zuwendungsverhalten. Dies spricht dafür, dass es sich hier um eine angeborene Reaktion handelt.
Das *Mann-Schema* und das *Frau-Schema* lösen beim jeweils anderen Geschlecht in der Regel Aufmerksamkeit aus. Mann- und Frau-Schema stimmen im Wesentlichen mit den sekundären Geschlechtsmerkmalen überein. ↗ Fortpflanzung und Entwicklung, S. 16
Reize, die bestimmte angeborene Reaktion auslösen, nennt man *Schlüsselreize. Auslösemechanismen* im Gehirn sorgen dafür, dass bestimmte *Schlüsselreize* oder *Auslöser* ein bestimmtes Verhalten bewirken. Damit Schlüsselreize richtig wirken, muss eine *innere Handlungsbereitschaft* vorhanden sein. Schlüsselreize werden oft in der Werbung eingesetzt.

Überlege: Es gibt zahlreiche Beispiele für angeborene Verhaltensweisen beim Menschen. Immer werden sie durch bestimmte Schlüsselreize ausgelöst. Attrappenversuche liefern Belege dafür, welche Reize als Schlüsselreize wirken. Nenne einige Beispiele.

3 Lernen

Sind Verhaltensänderungen durch Erfahrung bedingt und haben sie eine gewisse Zeit Bestand, spricht man von *Lernen.* So lernen z. B. indische Arbeitselefanten verschiedene Kommandos ihrer Pfleger zu unterscheiden, Eichhörnchen lernen unterschiedliche Techniken, Nüsse zu knacken, und Schimpansen können lernen, Werkzeuge wie Stöcke zielorientiert einzusetzen.
Man unterschiedet verschiedene *Formen des Lernens,* die miteinander gekoppelt sein können:

3.1 Gewöhnung

Das Ticken einer Uhr oder der Straßenlärm vor dem Fenster wird nach einiger Zeit nicht mehr wahrgenommen. Man hat sich an den unbedeutenden Reiz gewöhnt. *Gewöhnung* bedeutet, dass ein Reiz nicht mehr wahrgenommen wird – eine vorher vorhandene Reaktion geht verloren.

3.2 Neugier, Spiel und Nachahmung

Alle Kleinkinder erkunden neugierig ihre Umwelt. Diese angeborene Neugier ist Voraussetzung für Lernen. Der Mensch zeigt eine angeborene *Lernbereitschaft.* Auch Erwachsene sind neugierig. Im Gegensatz zu Tieren besitzen Menschen die Fähigkeit, lebenslang lernen zu können.

Im Spiel backen Kinder Sandkuchen oder verstecken sich. Dabei haben sie weder Hunger noch Angst. Dem *Spielverhalten* fehlt der Ernstbezug. Im Spiel werden aber bestimmte Verhaltensabläufe eingeübt, also gelernt.

Mit etwa neun Monaten ahmen Säuglinge Sprachlaute der Eltern nach, später den Umgang mit dem Löffel oder andere Verhaltensweisen von Bezugspersonen. Das Übernehmen von Verhaltensweisen eines Vorbilds nennt man *Nachahmung.*

3.3 Konditionierung

Stellen wir uns unsere Lieblingsspeise vor, läuft uns das Wasser im Munde zusammen, ein Geräusch wie das des Zahnarztbohrers lässt bei vielen den Blutdruck steigen. Das Erlernen eines bestimmten Reiz-Reaktions-Musters nennt man *Konditionierung* oder *Bildung eines bedingten Reflexes.*

3.4 Lernen durch Versuch und Irrtum

Viele Lernprozesse beim Menschen verlaufen nach dem Prinzip des *Lernens am Erfolg*. Das richtige Ausführen bestimmter Tätigkeiten wird durch Erfolg „belohnt“. Das Verhalten, das so bestätigt wurde, wird zukünftig beibehalten oder gar verstärkt. Wird die Tätigkeit falsch ausgeführt, führt dies zum *Misserfolg.* Der Misserfolg wirkt wie eine „Strafe“ und bremst ein solches Verhalten in Zukunft.

3.5 Einsichtiges Handeln

Die Lösung von Mathematikaufgaben, Übersetzungsübungen oder das Zeichnen einer Planskizze spielen wir im Gehirn durch, *wir denken nach.* Nach einigem Überlegen wird die Lösung oftmals plötzlich gefunden. Das Ergebnis kann auf neue, ähnliche Probleme übertragen werden.
Das *Lernen durch Einsicht* versetzt Menschen in die Lage, den Erfolg oder Misserfolg einer Handlung vorauszusehen und entsprechend zu handeln.

3.6 Tradition

Im Gegensatz zu Tieren können Menschen *Erfahrungen und Wissen* mit Hilfe von Sprache und Schrift an folgende Generationen *weitergeben.* Übernehmen diese Verhaltensweisen früherer Generationen, bilden sich Traditionen.

3.7 Prägung

Anfangs lächelt ein Säugling nahezu jedes Gesicht an, später nur noch das einer oder weniger Bezugspersonen. Bei fremden Gesichtern reagiert es oft abweisend oder ängstlich, es „fremdelt". Das Kind wurde auf seine Bezugspersonen geprägt.
Prägung ist ein besonderer Lernvorgang, der nur in einer besonderen Phase möglich ist. Im Falle der Prägung auf eine Bezugsperson liegt diese *sensible Phase* meist im Säuglingsalter.

? **Überlege:** Wie lässt sich entscheiden, ob einer Verhaltensweise Lernverhalten zugrunde liegt oder ob das Verhalten angeboren ist? Führe dir zur Beantwortung dieser Frage die verschiedenen Methoden der Verhaltensforschung beim Menschen vor Augen.

4 Sozialverhalten

4.1 Gruppenbildung

Der Mensch ist ein soziales Wesen. Nur in der Gruppe können Menschen überleben. Menschen bilden aus unterschiedlichsten Gründen Gruppen, seien es Familien, Vereine, Bürgerinitiativen, Stämme oder Staaten.

Mitglieder großer Gruppen kennen sich nicht alle persönlich. Hier signalisieren z. B. *gemeinsame Abzeichen* wie Uniformen, Gebärden oder Ausweise die Gruppenzugehörigkeit. Von den Gruppenmitgliedern wird erwartet, dass sie sich der *Gruppennorm* entsprechend verhalten. Es entstehen *Gruppenzwänge.* Die Einhaltung dieser Normen unterliegt der sozialen Kontrolle: Abweichendes Verhalten wird mit negativen, normgerechtes Verhalten mit positiven *Sanktionen* belegt.

Vernetzung: Sozialkunde

4.2 Aggressionsverhalten

Menschliche Aggression kann sich als Wut, Zorn oder Hass zeigen. Aggression wird z. B. eingesetzt zum Schutz der Nachkommen, zur Durchsetzung bestimmter Verhaltensregeln, zur Verteidigung oder Eroberung von Besitz und Territorien.

Beschwichtigungsverhalten wie Lächeln, Grüßen, Kopfsenken und Weinen wirken *aggressionshemmend.*

Imponier- und Drohhaltungen wie das Fäusteballen oder das Zeigen von Waffen wirken *aggressionssteigernd.*

Aggressionen treten bei allen Menschen auf, was auf ein *angeborenes Verhalten* schließen lässt. Psychologische Untersuchungen haben gezeigt, dass Aggressionsverhalten auch *erlernt* wird oder als Folge von *Frustrationen* auftreten kann.

4.3 Rangordnungsverhalten

Statussymbole wie Titel, Abzeichen und Orden sind Ausdruck von Rangordnungen innerhalb bestimmter menschlicher Gruppen. Eine Rangordnung regelt soziales Verhalten innerhalb von Gruppen. Voraussetzung ist, dass die Gruppenmitglieder die Rangunterschiede anerkennen.

Vernetzung: Sozialkunde: Soziale Rolle

4.4 Territoriales Verhalten

Menschen hüten ihre *Privatsphäre.* Dringt jemand ohne Beschwichtigungsverhalten ein, wird dies meist als Aggression empfunden. Die unsichtbare *Individualdistanz* um unseren Körper dürfen nur nahe stehende Menschen unterschreiten.

Auch Menschengruppen grenzen ihre *Territorien* oder *Reviere* ab. Gartenzäune, Gemarkungs- oder Staatsgrenzen dienen als *Reviergrenzen.*

4.5 Selbstkontrolle

Der Mensch kann sein Verhalten überdenken und selbst bestimmen. Er kann und muss sich seine Handlungen kritisch *bewusst* machen. Menschliches Zusammenleben ist durch Normen und Wertvorstellungen geregelt. Bei der Vermittlung dieser Normen kommt der *Erziehung* eine wichtige Aufgabe zu. Ein Problem beim friedlichen Zusammenleben der Völker ergibt sich dadurch, dass die ethischen Grundsätze verschiedener Kulturen und Religionen nicht völlig miteinander übereinstimmen. Eine wichtige Aufgabe der Erziehung ist das Hinführen zu *mitmenschlichem Verhalten,* bei dem jeder Rücksicht auf den anderen nimmt und ihm dieselben Rechte zugesteht, die er für sich selbst beansprucht.

Bewegungssystem

1 Die Bauteile

1.1 Knochen und Knorpel bilden das Skelett

Das Skelett bildet das Stützgerüst des Körpers, es dient als Widerlager für das Muskelgewebe und ist zum Schutz für die inneren Organe wichtig.

Knochentypen

Nach der äußeren Form und dem inneren Bau lassen sich Knochen unterscheiden:

- Zu den *Röhrenknochen* zählen die langen Arm- und Beinknochen. Röhrenknochen haben innen einen Hohlraum, der mit Knochenmark ausgefüllt ist.
- *Plattenknochen* nennt man die Knochen der Schädelkapsel, des Beckens, die Schulterblätter und das Brustbein. Sie besitzen im Innern keinen Hohlraum.
- Zu den *kurzen Knochen* zählen die Wirbelknochen der Wirbelsäule sowie Hand- und Fußwurzelknochen. Auch sie haben innen keinen Hohlraum.

Knochenfunktionen

Knochen haben unterschiedliche Funktionen.

Beim *Kopfskelett* kann man Gehirnschädel und Gesichtsschädel unterscheiden. Der stabile Gehirnschädel schützt das Gehirn. Der Gesichtsschädel umgibt Augenhöhlen und Nasenöffnung, Oberkiefer und Unterkiefer tragen die Zähne und bilden den Mund.

Das *Gliedmaßenskelett* besteht aus Schultergürtel, Armen und Händen sowie aus Beckengürtel, Beinen und Füßen. Es dient der Fortbewegung, dem Stehen und Greifen.

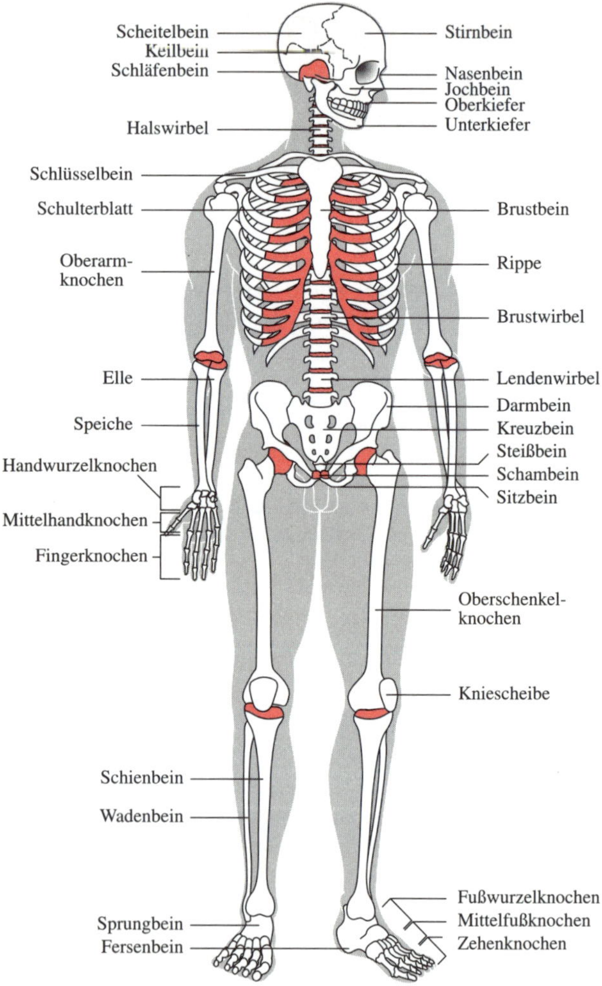

Skelett des Menschen

Das *Rumpfskelett* besteht aus Wirbelsäule und Brustkorb. Die Wirbelsäule ist doppelt-S-förmig gebogen. Sie wird aus 33–34 Wirbeln gebildet (7 Hals-, 12 Brust-, 5 Lenden-, 5 verwachsene Kreuzbein- und 4–5 verkümmerte Steißbeinwirbel). Zwischen den Wirbeln liegen Bandscheiben aus knorpeligem Bindegewebe. Die Doppel-S-Form der Wirbelsäule und die Bandscheiben fangen Stöße beim Gehen ab. Der Brustkorb wird von 12 Paar Rippen, dem Brustbein und den Brustwirbeln gebildet. Er schützt Herz und Lungen.
Die Abknickung der Wirbelsäule im Bereich des Beckens ermöglichte den aufrechten Gang des Menschen. Aber auch die Form des Fußes (Standfuß) und des Beckens hängen mit dem aufrechten Gang zusammen. Neben Kultur, Sprache und einem besonderen Denkvermögen gilt der aufrechte Gang als Wesensmerkmal des Menschen. ↗ Stammesgeschichte, S. 7

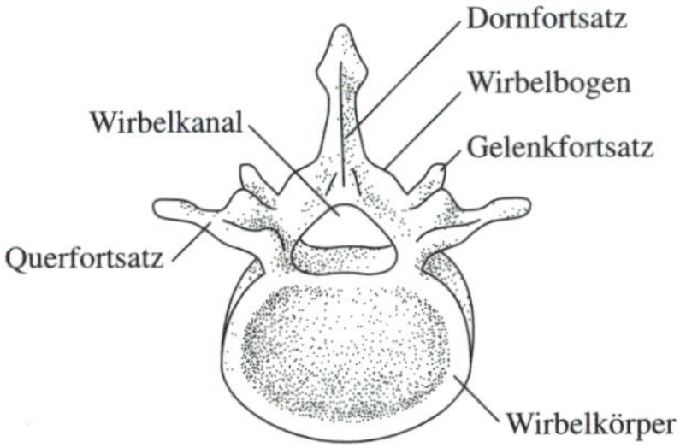

Bau eines Lendenwirbels

Überlege: Die Form der Wirbelsäule, der Bau des Beckens und der Füße hängen mit dem aufrechten Gang zusammen. Welche Baumerkmale belegen dies?
Arm- und Beinskelett zeigen den gleichen Grundbauplan. Vergleiche den Bau von Armen und Beinen anhand der Abbildung auf Seite 88.

Durch gewaltsame äußere Einwirkungen kann es zu einem *Knochenbruch* kommen. Die Bruchstelle ist druckempfindlich. Es gibt geschlossene und komplizierte offene Brüche. Beim offe-

nen Bruch ist die Haut durchstoßen. Es besteht Infektionsgefahr. ↗ Körperabwehr und Immunsystem, S. 122
Falsche Körperhaltung und vornübergebeugtes Heben schwerer Lasten kann die Bandscheiben schädigen. Ein *Bandscheibenvorfall* verursacht heftige Schmerzen. Meistens liegen die Ursachen des Bandscheibenschadens in früheren gesundheitsschädigenden Verhaltensweisen wie dem Tragen zu schwerer Lasten oder übermäßigen Belastungen beim Krafttraining.
Eine richtige Körperhaltung und Gymnastik helfen Haltungsschäden zu vermeiden. Vornübergebeugtes Heben sollte vermieden werden, stattdessen geht man bei aufrechtem Oberkörper in die Knie.

Bau eines Röhrenknochens

Knochenhaut. Alle Knochen sind – bis auf Gelenkflächen und Ansatzstellen der Sehnen – außen von einer Knochenhaut umhüllt. Sie enthält Blutgefäße und Nerven.

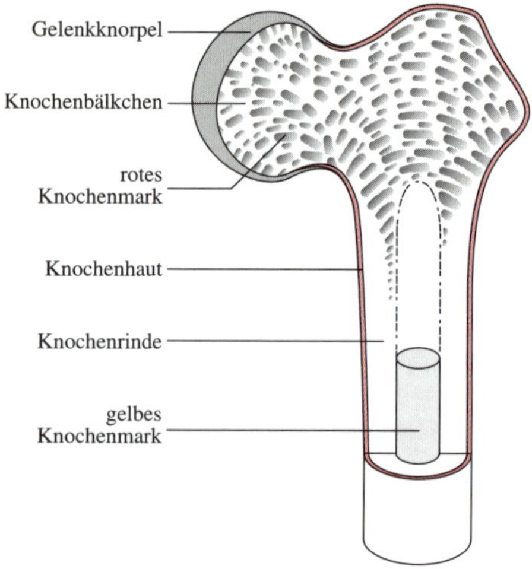

Längsschnitt eines Röhrenknochens

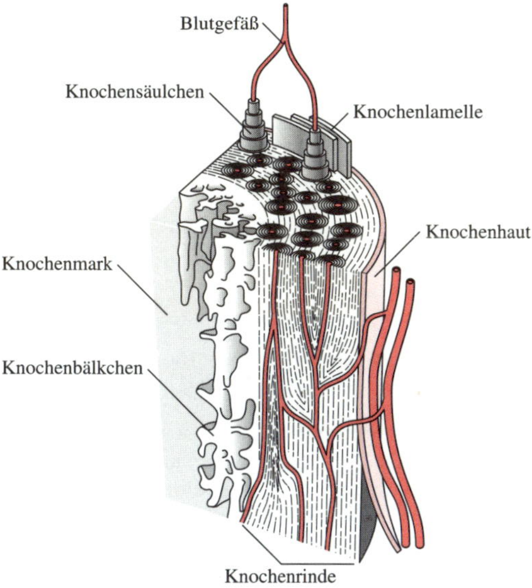

Querschnitt des Schafts eines Röhrenknochens

Knorpel. An den Gelenken liegt den Knochen Gelenkknorpel auf. Knorpelsubstanz wird von Knorpelzellen ausgeschieden. Sie setzt sich u. a. aus Eiweiß und etwa 65 % Wasser zusammen. Knorpelgewebe verhält sich gegenüber Druck und Zug elastisch. Bevor im ersten Lebensjahr die Verknöcherung und langsame Verfestigung einsetzt, bestehen alle Skelett-Teile aus Knorpel.

Knochenmark. Bei den Röhrenknochen befindet sich Knochenmark im Innern des durchbluteten Mittelstücks (Knochenschaft). Bei Kindern ist es rot. Im roten Knochenmark werden Blutkörperchen und Blutplättchen gebildet. Mit fortschreitendem Alter wird das rote Knochenmark der Röhren durch Fetteinlagerung gelb. Gelbes Knochenmark bildet keine Blutzellen mehr. In anderen Knochen und im verdickten Knochenende der Röhrenknochen bleibt das rote Knochenmark erhalten.

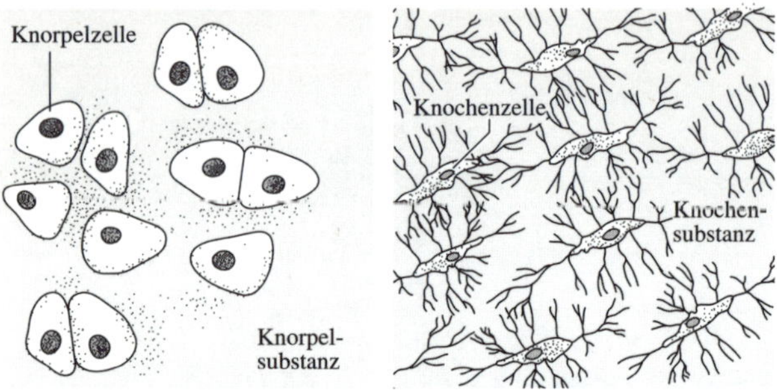

Zellstruktur im Knorpel und in einem Knochensäulchen

Knochengewebe. An den verdickten Knochenenden der Röhrenknochen besteht das Knochengewebe aus feinen *Knochenbälkchen.* Sie fangen hohe Belastungen durch Druck und Zug auf. Die Hohlräume sind mit rotem Knochenmark ausgefüllt.
Das Mittelstück des Knochens, der Knochenschaft, bildet eine Röhre. Hier besteht das Knochengewebe der äußeren *Knochenrinde* aus *Knochenlamellen,* die innere Schicht der Knochenrinde besteht aus *Knochensäulchen.*
Knochenzellen bauen die *Knochengrundsubstanz* auf. Bei jungen Erwachsenen enthält sie neben Wasser etwa 1/3 organische Substanz wie Eiweiß und Fett sowie etwa 2/3 anorganische Stoffe. 85 % der anorganischen Substanz ist Calciumphosphat, 10 % Calciumcarbonat.

Überlege: Röhrenknochen sind elastisch, zugfest, druckfest und biegefest. Dies ermöglicht ihnen, unterschiedliche Belastungen auszuhalten. Bei welchen technischen Materialien findet man eine oder mehrere dieser Eigenschaften?

Knochen sind lebende Organe

Bei Säuglingen bestehen Knochen überwiegend aus Knorpelgewebe. Während des Wachstums wird der Knorpel durch Knochensubstanz ersetzt. Ständig werden organische und mineralische Bestandteile des Knochens auf- und abgebaut. Mit zuneh-

mendem Alter aber wird der Knochenstoffwechsel gestört, der anorganische Anteil erhöht sich.
Bei einem Knochenbruch bildet sich zunächst Bindegewebe *(Kallus)*, das später durch Knochensubstanz ersetzt wird.

Überlege: Kleinkinder ziehen sich bei einem Sturz selten einen Knochenbruch zu. Ältere Menschen dagegen haben große Angst vor Knochenbrüchen. Wie lässt sich dies begründen?

1.2 Beweglich durch Gelenke

Bewegungen des Skeletts werden durch Gelenke zwischen den Knochen ermöglicht.

Bau eines Gelenkes

Die Enden der beiden im Gelenk aufeinander treffenden Knochen heißen *Gelenkpfanne* und *Gelenkkopf*. Ihre Oberfläche ist von Knorpel überzogen. Das ganze Gelenk wird von der *Gelenkkapsel* luftdicht umhüllt, sie ist eine Fortsetzung der

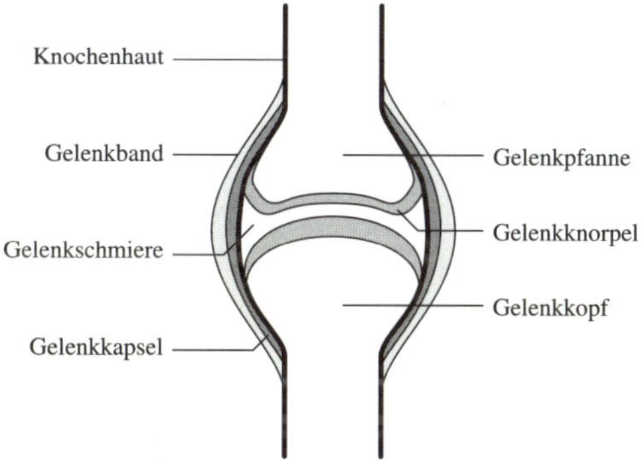

Bau eines Gelenks

Knochenhaut. Bei Zugbelastung entsteht im Gelenk ein Unterdruck. Er begünstigt den Zusammenhalt des Gelenks. Die Innenseite der Gelenkkapsel liefert *Gelenkschmiere*. Sie füllt die Gelenkhöhle aus. Straffe Gelenkbänder sichern das Gelenk.

Gelenktypen

Die Form von Gelenkkopf und Gelenkpfanne bestimmt die Beweglichkeit eines Gelenks. Danach unterscheidet man verschiedene Gelenktypen:

- *Drehgelenke* ermöglichen Bewegungen um eine Achse. Beispiel: Gelenk zwischen Elle und Speiche oder Halswirbelgelenk.
- *Scharniergelenke* lassen Bewegungen in nur einer Richtung zu. Beispiel: Ellenbogengelenk.
- *Sattelgelenke* ermöglichen Bewegungen um zwei Achsen. Beispiel: Daumengrundgelenk.
- *Kugelgelenke* erlauben Bewegungen in alle Raumrichtungen. Beispiel: Hüftgelenk.

Überlege: Anhand der Abbildung des menschlichen Skelettes auf Seite 88 lassen sich diese Gelenktypen an weiteren Gelenken identifizieren.

Dauernde Überforderung von Gelenken nützt den Gelenkknorpel ab. Die Gelenkflächen verknöchern, werden rauh und hö-

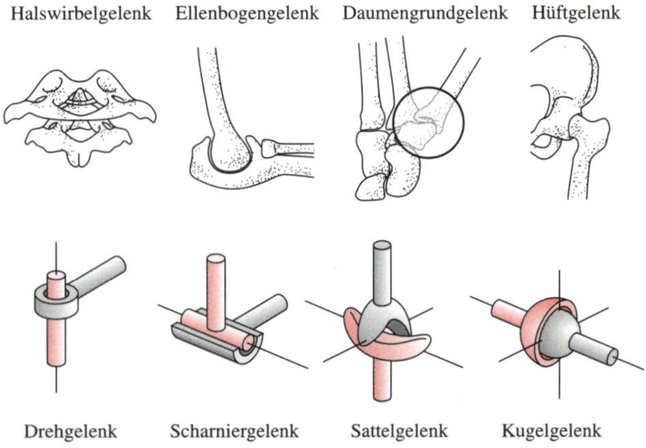

Vier häufige Gelenktypen

ckerig und Bewegungen verursachen Schmerzen. Man spricht von *Arthrose.* Bei einer *Arthritis* ist das Gelenk entzündet. Lagern sich Harnsäurekristalle in das Gelenk ein, entsteht *Gicht.*

Damit Gelenke gesund bleiben, sollten sie täglich bewegt werden. Wird ein Gelenk z. B. durch einen Gipsverband ruhig gestellt, verändert sich der Gelenkknorpel, das Bindegewebe der Gelenkkapsel schrumpft.

Bei starker Belastung kann ein Knochen aus dem Gelenk springen. Die Gelenkkapsel wird dabei gezerrt. Bei einer *Verrenkung* schnappt der Gelenkkopf aus der Pfanne und bleibt in der unnatürlichen Lage. Bei einer *Verstauchung* verschieben sich die Knochenenden nur kurzfristig gegeneinander.

1.3 Muskeln bewegen den Körper

Alle Bewegungen des Körpers beruhen auf Muskelbewegungen. Bei ihrer Arbeit setzen die Muskeln Wärmeenergie frei und tragen so dazu bei, die Körpertemperatur konstant zu halten.
↗ Blut, S. 112

Muskeltypen

Nach ihrem Aufbau unterscheidet man quer gestreiftes und glattes Muskelgewebe.

Quer gestreiftes Muskelgewebe findet man bei Skelettmuskeln und dem Herzmuskel.

- *Skelettmuskeln* erscheinen im Lichtmikroskop quer gestreift. Sie sind unserem Willen unterworfen, arbeiten rasch und ermüden schnell.
- *Herzmuskeln* sind ebenfalls quer gestreift. Sie ermüden nicht und können über den Willen nicht beeinflusst werden.

Glatte Muskeln umschließen Blutgefäße, Verdauungs- und Ausscheidungsorgane. Diese Eingeweidemuskeln arbeiten langsam, aber ausdauernd. Ihre Tätigkeit ist nicht willentlich beeinflussbar.

? **Überlege:** In einer Tabelle lassen sich die Eigenschaften von Skelett-, Herz- und Eingeweidemuskeln gegenüberstellen.

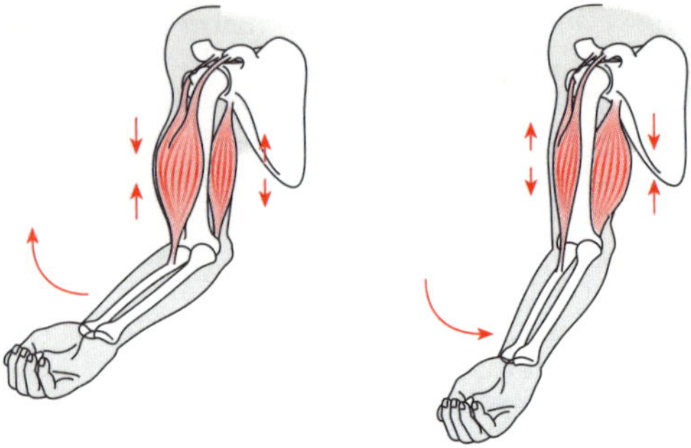

Gegenspielerprinzip

Muskeln als Gegenspieler

Muskeln können sich aktiv nur zusammenziehen, niemals strecken. Gedehnt werden sie stets von einem Gegenspieler. Meist ist der Gegenspieler ein anderer Muskel. Wenn sich der eine Muskel zusammenzieht, ist sein Gegenspieler entspannt und wird passiv gedehnt.

Überlege: Am Beispiel des Muskelpaares *Beuger* und *Strecker* lässt sich das Gegenspielerprinzip erläutern.
Vernetzung: Physik

Skelettmuskulatur

Jeder *Skelettmuskel* ist von einer Muskelhaut umgeben. Sie geht an den Muskelenden in die *Sehnen* über. Die meisten Muskeln setzen mit Sehnen an den Knochen an.
Im Innern besteht der Muskel aus Tausenden von *Faserbündeln,* die von Bindegewebe umhüllt sind. Das Bindegewebe durchziehen Nerven und Blutgefäße. Jedes Faserbündel enthält etwa 1.000 *Muskelfasern.* Jede Muskelfaser vereint Hunderte von *Muskelfibrillen.* Die Muskelfibrillen bestehen aus Eiweißfäden, den dünnen *Aktinfilamenten* und den dickeren *Myosinfilamenten.* Die Anordnung der Aktin- und Myosinfäden bewirkt im lichtmikroskopischen Bild die charakteristische Querstreifung.

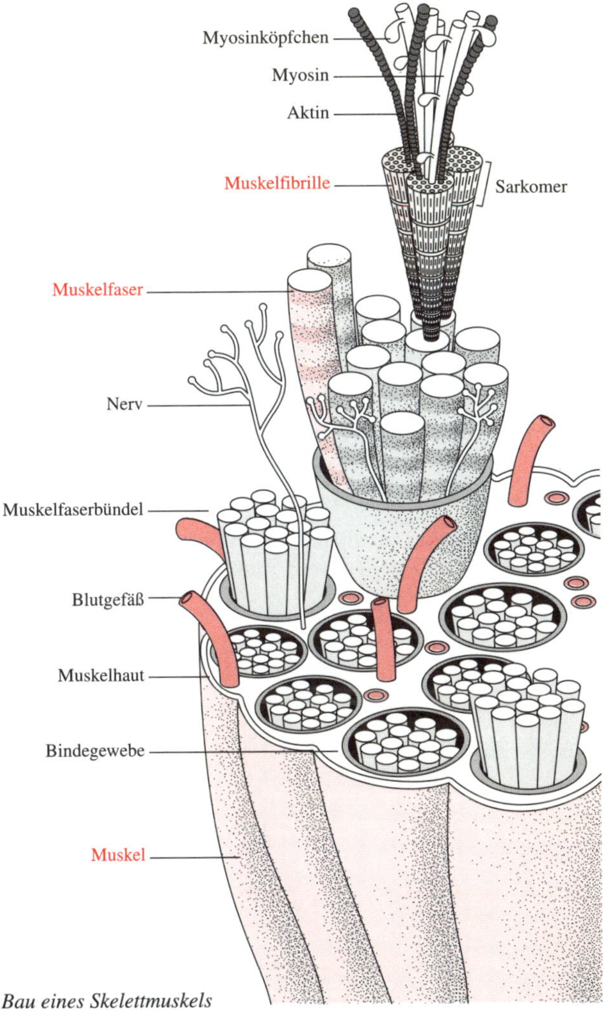

Bau eines Skelettmuskels

Muskelarbeit

Das Zusammenziehen von Skelettmuskeln wird von Nervenimpulsen aus Gehirn oder Rückenmark ausgelöst. ↗ Nervensystem, S. 69

Dabei gehen die Befehle an mehrere Muskelfasern gleichzeitig. An den Muskelfasern enden die Nervenfasern in den *motorischen Endplatten*. Hier geben die Nervenfasern erregenden *Überträgerstoff (Acetylcholin)* frei. In aufeinander folgenden Abschnitten *(Sarkomeren)* der Muskelfibrillen erfolgt eine kurzfristige Verbindung zwischen Myosin- und Actinfäden. Dabei gleiten die Actinfäden in die Myosinfäden. Der Muskel verkürzt sich dadurch.

Der Spannungszustand und die Leistung des Muskels hängt von der Anzahl der gleichzeitig erregten Muskelfasern ab.

Ein Muskeln braucht für seine Arbeit Energie, die durch die Zellatmung geliefert wird. Die für die Muskelarbeit nötige Energie wird als Adenosintriphosphat (ATP) bereitgestellt. ATP zerfällt unter Energieabgabe zu ADP und Phosphat. ↗ Zellatmung, S. 117

Überlege: Beim Dauerlauf schwitzt man, beim Frieren zittern die Muskeln. Wie helfen diese Reaktionen bei der Regulierung der Körpertemperatur?

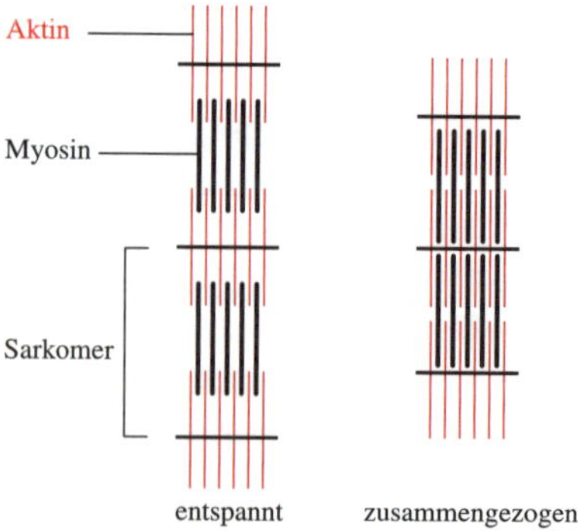

Muskeln ziehen sich zusammen

Werden Muskeln überanstrengt, müssen sie vorwiegend ohne Sauerstoff (anaerob) arbeiten. *Muskelkater* ist die Folge. Verantwortlich für die Schmerzen sind die Anreicherung von Milchsäure und feinste Risse in den Muskelfasern.
Wird die Muskulatur beim Sport ungenügend aufgewärmt, können plötzlich stechende Schmerzen auftreten. Sie weisen auf eine *Muskelzerrung* oder einen *Muskelfaserriss* hin.
Um beim Trainieren möglichst viele Muskelgruppen abwechselnd zu beanspruchen, eignet sich das Zirkeltraining oder systematische Gymnastik.

→ **Vernetzung:** Sport

2 Das Zusammenspiel zum Ganzen

2.1 Zahlen

Mehr als 200 Knochen bilden das Skelett des Menschen. Sie wiegen beim Erwachsenen durchschnittlich 9 kg.
Rund 600 Muskeln bewegen das Skelett. Sie machen 25–40 % des Körpergewichts aus.
Über 10 Milliarden Nervenzellen steuern die Muskeln.
Bei der Muskelarbeit wird nur ein Drittel der freigesetzten Energie in Muskelarbeit umgesetzt, der Rest wird als Wärmeenergie abgegeben.

2.2 Das Zusammenwirken

Das Skelett bildet den passiven Teil des Bewegungsapparates, die Muskulatur den aktiven Teil. Die für das Zusammenziehen eines Muskels (Muskelkontraktion) nötige *Energie* in Form von ATP wird durch die Zellatmung bereitgestellt. ↗ Zellatmung, S. 117
Glukose fällt bei der Verdauung an, *Sauerstoff* wird von der Lunge aufgenommen. Beides wird vom Blut zu den Muskelzellen transportiert. ↗ Blutkreislauf, S. 109
Das Abfallprodukt *Kohlenstoffdioxid* (CO_2) wird mit dem Blut vom Muskel zur Lunge transportiert und ausgeatmet. Die bei der Muskelarbeit anfallende überschüssige Wärmeenergie wird vom Blut über die Haut abgeführt.

Das *Gehirn* entscheidet, welche Muskeln sich wann zusammenziehen sollen und meldet dies über die *Nerven* an die Muskeln. Bei Reflexen erfolgt die Arbeitsanweisung über das Rückenmark. ↗ Nervensystem, S. 69
In den Muskeln sitzen spindelförmige Sinneszellen, die *Muskelspindeln*. Sie melden den Dehnungszustand des Muskels an das Gehirn und an das Rückenmark. Durch automatische Korrektur über das Rückenmark können Muskeln ihren Dehnungszustand beibehalten, für willkürliche Änderungen sorgen Befehle vom Gehirn.

? **Überlege:** Eine einfache Aufgabe? Welche Bewegungsvorgänge laufen beim Bücken ab?

Stoffwechsel und Stofftransport

1 Ernährung

Nahrungsmittel enthalten Nährstoffe, die in Kohlenhydrate, Fette und Eiweiße (Proteine) unterteilt werden. Darüber hinaus braucht der menschliche Körper Vitamine, Mineralstoffe, Ballaststoffe und Wasser. Die Umwandlung von Stoffen im Körper bezeichnet man als *Stoffwechsel*.

1.1 Bau- und Betriebsstoffwechsel

Die Nährstoffe in der Nahrung dienen als Bau- und Betriebsstoffe.

- *Baustoffe* werden für das Körperwachstum und den Ersatz verbrauchter Körperzellen benötigt. Die wichtigsten Baustoffe des Körpers sind Eiweiße.
- *Betriebsstoffe* sind Energielieferanten des Körpers. Bei ihrem Abbau wird Energie frei, die für die Aufrechterhaltung der Körperfunktionen notwendig ist. Kohlenhydrate sind die wichtigsten Betriebsstoffe des Körpers.
  Die meisten überschüssigen Betriebsstoffe werden in Fette umgewandelt und als *Reservestoffe* gespeichert.

Auch bei völliger Ruhe braucht der Körper Energie zur Aufrechterhaltung der Körperfunktionen und der Körpertemperatur. Der Energieverbrauch des Körpers in Ruhe wird *Grundumsatz* genannt. Bei körperlicher und geistiger Tätigkeit wird zusätzlich Energie verbraucht. Der Energieumsatz bei „Arbeit" wird als *Leistungs-* oder *Arbeitsumsatz* bezeichnet. Der *Gesamtumsatz* an Energie setzt sich aus Grundumsatz plus Leistungsumsatz zusammen.

Bei mittlerer körperlicher Leistung beträgt der Gesamtumsatz eines Erwachsenen pro Tag etwa 10.000 Kilojoule (kJ). Die Maßeinheit für Energie ist das *Joule.* 1.000 Joule = 1 Kilojoule (kJ). 1 kJ ist die Energie, die benötigt wird, um 10 kg Gewicht 1 m hoch zu heben. 4,186 kJ = 1 Kilokalorie (kcal).
Vernetzung: Physik

Der Energiegehalt der Nährstoffe wird durch den *Brennwert* angegeben. Der Brennwert ist die Energiemenge, die der Körper durch Verarbeitung eines Nährstoffes in der Zelle freisetzen kann. Der Brennwert von Kohlenhydraten und Eiweiß beträgt etwa 17 kJ pro Gramm, der Brennwert von Fett etwa 39 kJ pro Gramm.

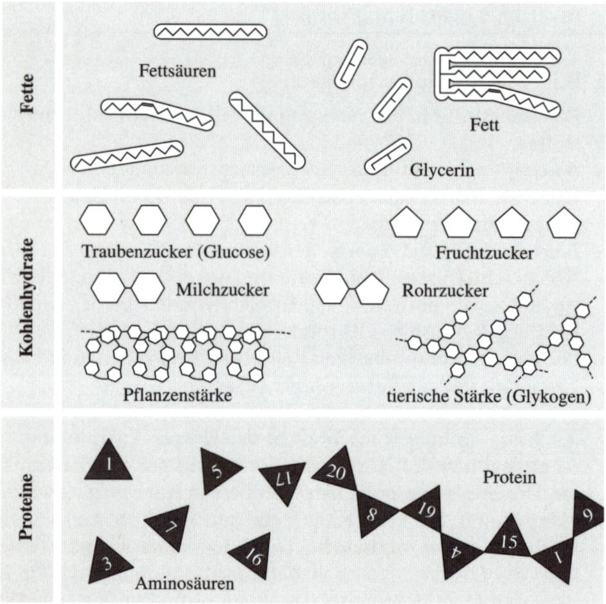

Nährstoffe

1.2 Nährstoffe

Kohlenhydrate stammen zum größten Teil aus pflanzlicher Nahrung. Je nach Aufbau unterscheidet man *Einfachzucker* wie Traubenzucker und Fruchtzucker, *Zweifachzucker* wie Milchzucker und Rohrzucker sowie *Vielfachzucker* wie Stärke, Zellulose und tierisches Glykogen. Kohlenhydrate sind Betriebsstoffe und Baustoffe.

Eiweiße (Proteine) sind aus *Aminosäuren* aufgebaut. Im menschlichen Körper gibt es 20 verschiedene Aminosäuren. Acht davon kann der Körper nicht selbst aufbauen. Diese *essenziellen Aminosäuren* müssen mit der Nahrung aufgenommen werden. *Tierische Proteine* liefern Fleisch, Fisch, Eier und Milchprodukte. Besonders reich an *pflanzlichen Proteinen* sind Hülsenfrüchte und Nüsse. Proteine dienen vorwiegend als Baustoffe.

Fette sind aus *Glycerin* und *Fettsäuren* aufgebaut. Einige Fettsäuren kann der Körper nicht selbst aufbauen. Diese *essenziellen Fettsäuren* müssen über die Nahrung aufgenommen werden. Fette sind sowohl in tierischen als auch in pflanzlichen Nahrungsmitteln enthalten und dienen als Betriebsstoffe.

→ **Vernetzung:** Chemie

1.3 Vitamine, Mineralstoffe und Ballaststoffe

Vitamine sind lebensnotwendige organische Stoffe, die mit der Nahrung aufgenommen werden müssen. Sie sind in kleinen Mengen wirksam und verhindern Mangelkrankheiten. Etwa 20 verschiedene Vitamine sorgen für einen geregelten Ablauf der Stoffwechselreaktionen.

Einige Beispiele für Vitamin-Mangelerkrankungen: Mangel an Vitamin C führt zu Zahnfleischbluten und Skorbut, Mangel an Vitamin A zu Nachtblindheit, Mangel an Vitamin D zu Knochenverkrümmung (Rachitis).

Mineralstoffe sind lebensnotwendige *anorganische* Bestandteile der Nahrung wie Natrium-, Kalium-, Calcium-, Magnesium-, Chlorid- und Phosphatverbindungen. Einige Mineralstoffe wie Magnesium-, Eisen- und Jodverbindungen braucht der Mensch nur in Milligramm-Mengen (Spuren). Man spricht daher von

Spurenelementen. Mineralstoffe sind an wichtigen Körpervorgängen beteiligt. So wirken Calcium, Phosphat und Fluor beim Knochenaufbau mit, Natrium- und Kaliumionen sind Voraussetzung für die Erregungsleitung im Nervensystem.
Ballaststoffe sind unverdauliche Nahrungsbestandteile wie z. B. Zellulose. Für eine geregelte Verdauung sind sie unerlässlich.

1.4 Ernährung und Gesundheit

Gesunde Ernährung bedeutet regelmäßiges Essen und möglichst vielseitige Nahrung. Obst, frisches Gemüse und ausreichend Eiweiß sind dabei besonders wichtig. Zu den „7 Säulen" richtiger Ernährung zählen ausreichend *Kohlenhydrate, Proteine* und *Fette,* alle notwendigen *Vitamine* und *Mineralstoffe,* genügend *Ballaststoffe* sowie viel *Wasser.*
Unterernährung kann erhebliche Mangelkrankheiten hervorrufen. Schlankheitsdiäten führen oft zu Ess-Störungen wie der lebensbedrohlichen *Magersucht.*
Überernährung führt zu Übergewicht, das Gelenkschäden sowie Herz- und Kreislauferkrankungen nach sich ziehen kann. Auch die Zuckerkrankheit (Diabetes) kann eine Folge von Übergewicht sein.

2 Verdauung

2.1 Enzyme

Stoffe, die chemische Reaktionen beschleunigen und sich dabei nicht verändern, heißen *Katalysatoren.*
Vernetzung: Chemie

Katalysatoren, die in Lebewesen wirksam sind, nennt man *Biokatalysatoren* oder *Enzyme.* Enzyme sind Eiweißstoffe.
Verdauungsenzyme beschleunigen den *Abbau von Nährstoffen,* andere Enzyme den *Aufbau von körpereigenen Stoffen.*
Verdauungsenzyme binden vorübergehend Nährstoffe an sich und zerlegen diese in kleinere Bausteine. Nach dem Zerlegen steht ein Enzym unverändert zur Verfügung und kann ein weiteres Nährstoffmolekül zerlegen. Dabei passt aber jeweils nur

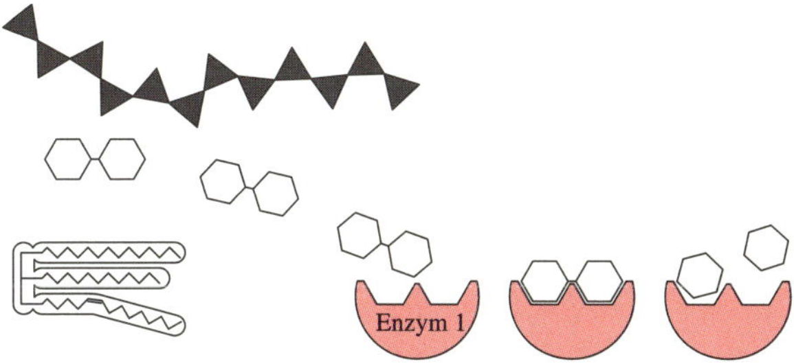

Das Enzym spaltet den passenden Ausgangsstoff

Spaltung durch Verdauungsenzyme

ein ganz bestimmtes Enzym zu einem bestimmten Nährstoff. Enzyme sind *spezifisch.* Für die verschiedenen Nährstoffe sind jeweils unterschiedliche Verdauungsenzyme zuständig.

2.2 Die Verdauungsorgane

Im *Mund* wird die Nahrung zerkleinert und geprüft. In die Mundhöhle münden die Ausführgänge der *Speicheldrüsen.* Die eingespeichelte Nahrung gelangt durch die *Speiseröhre* in den Magen.

Im *Magen* wird der Speisebrei mit Magensaft durchmischt. Von Drüsenzellen der Magenschleimhaut produzierte Salzsäure tötet Bakterien ab.

Durch den „Pförtner" am Magenende gelangt der Nahrungsbrei in den Zwölffingerdarm, den vordersten Abschnitt des 2–3 m langen *Dünndarms.* In ihn münden die Ausführgänge von Gallenblase und Bauchspeicheldrüse.

Speiseröhre, Magen und Dünndarm sind innen mit einer Schleimhaut ausgekleidet, darunter liegen Ring- und Längsmuskeln. Die Dünndarmschleimhaut ist in viele winzige Falten (Darmzotten) gelegt. Diese *Darmzotten* vergrößern die innere Oberfläche des Dünndarms. In der Dünndarmwand liegen Drüsenzellen, die *Verdauungssaft* absondern.

Der Dünndarm geht in den *Dickdarm* über, der mit dem Blinddarm beginnt. Über den letzten Teil des Dickdarms, den *Mast-*

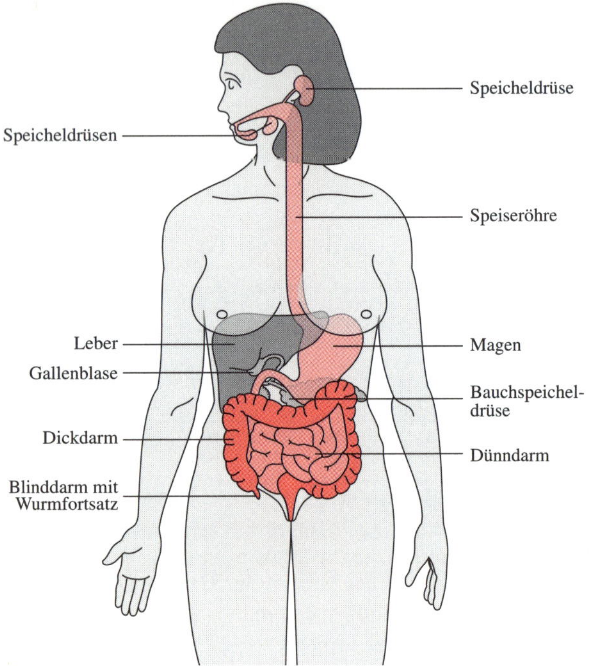

Verdauungsorgane

darm, an dessen Ende der *After* liegt, werden die unverdaulichen Reste als Kot ausgeschieden.

Die *Leber* hat vielseitige Aufgaben. Neben der Entgiftung des Blutes, dem Abbau von Proteinen und Fettsäuren, der Speicherung von Kohlenhydraten (Glykogen) und dem Abbau roter Blutkörperchen bildet sie *Gallensaft.* Er verteilt Fett in kleinste Tröpfchen und fördert so die Fettverdauung. Gallensaft wird in der Gallenblase gespeichert und an den Dünndarm abgegeben.

Die *Bauchspeicheldrüse* gibt Bauchspeichel ab, in dem Vorstufen von Verdauungsenzymen enthalten sind. Im Dünndarm werden die Enzymvorstufen wirksam gemacht.

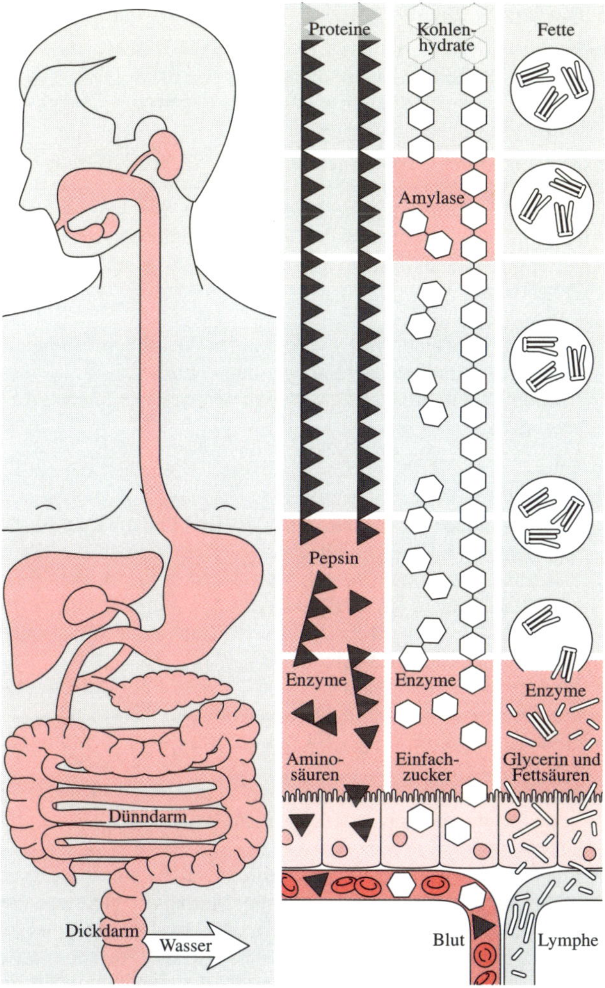

Verdauungsvorgänge

2.3 Die Verdauungsvorgänge

- Im *Mund* wird durch das Enzym Amylase des Mundspeichels Stärke zum Teil zu Zweifachzucker vorverdaut.
- Im *Magen* werden durch das Enzym Pepsin des Magensaftes Proteine in Bruchstücke zerlegt.
- Im *Dünndarm* wird Fett durch den Gallensaft in feinste Tröpfchen verteilt. Enzyme aus der Bauchspeicheldrüse und aus der Dünndarmschleimhaut zerlegen Proteine, Kohlenhydrate und Fette in ihre Grundbausteine: Proteine werden in Aminosäuren zerlegt, Kohlenhydrate in Einfachzucker, Fette in Glycerin und Fettsäuren.

? **Überlege:** In eine Umriss-Skizze des Menschen können die Verdauungsorgane eingezeichnet und dann beschriftet werden. In einer Tabelle lässt sich darstellen, wo welcher Nährstoff zerlegt wird.

2.4 Resorption

Die Aufnahme von Nährstoffen in das Blut und die Lymphe *(Resorption)* findet im Dünndarm statt. Hier werden die Grundbausteine der Nährstoffe durch die Wand der stark durchbluteten Darmzotten in das Gefäßsystem aufgenommen. Die meisten Stoffe gelangen mit Hilfe besonderer Transportstoffe durch die Zellmembran der Dünndarmzotten.

- Einfachzucker und Aminosäuren wandern über die Pfortader, die das Blut aus den Bauchorganen aufnimmt, zur Leber,
- Glycerin und Fettsäuren gelangen zunächst in das Lymphgefäßsystem.

Von dort werden die Grundbausteine der Nährstoffe mit Blut und Lymphe im ganzen Körper verteilt.

Im *Dickdarm* können Nährstoffe nicht verdaut werden. Bei normaler Kost sind so gut wie keine Nährstoffe mehr im Nahrungsbrei, wenn er den Dickdarm erreicht. Die Hauptaufgabe des Dickdarms besteht darin, möglichst viel Wasser aus dem Darminhalt in Blut und Lymphe zurückzugewinnen. Mit dem Wasser gelangen auch Mineralstoffe und Vitamine ins Blut.

3 Blutkreislauf

3.1 Das Herz

Das Herz ist ein *Hohlmuskel* und pumpt das Blut durch den Körper. Es besteht aus zwei *Vorhöfen* sowie zwei *Herzkammern* und wird durch die *Herzscheidewand* in eine linke und eine rechte Herzseite geteilt.

Ein System von Ventilen (Klappen) regelt die Richtung der Blutströmung im Herzen. Zwischen den Vorhöfen und den Herzkammern befinden sich die *Segelklappen.* Am Übergang von Herzkammern zu Lungen- und Körperarterie liegen dreiteilige *Taschenklappen.*

Das Herz arbeitet als *Saug-Druck-Pumpe* in zwei Arbeitstakten:

1. Füllungsphase und Anspannungsphase: Vorhöfe und Herzkammern erschlaffen, aus den großen Venen fließt Blut ein. Kurz danach ziehen sich die Vorhöfe zusammen und pressen das ganze Blut aus den Vorhöfen in die Kammern.

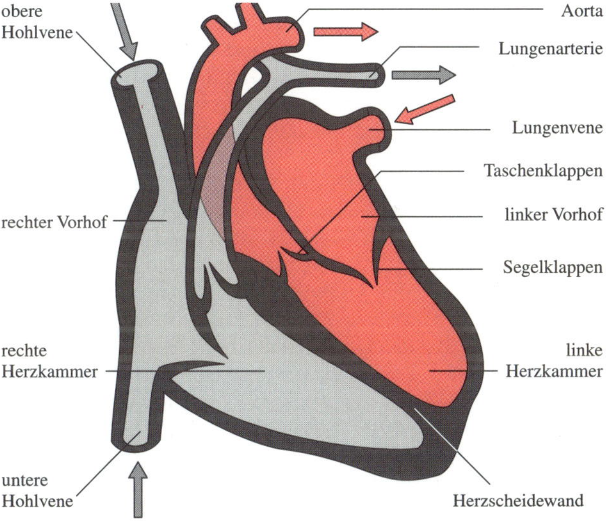

Bau des Herzens

2. Austreibungsphase: Beide Herzkammern ziehen sich nun zusammen und pumpen das Blut in die großen Blutgefäße, die Arterien.

Bevor sich die Vorhöfe erneut füllen, legt das Herz eine kurze Ruhepause ein.

Das Erschlaffen der Herzkammern nennt man *Diastole,* das Zusammenziehen der Herzkammern *Systole.*

Das Herz schlägt in Ruhe etwa 70-mal pro Minute. Nervenzellknoten erzeugen als Schrittmacher die elektrischen Impulse zum Zusammenziehen (Kontraktion) des Herzmuskels. Ihre Tätigkeit wird über das vegetative Nervensystem und über Hormone beeinflusst. ↗ Sinne, Nerven und Hormone, S. 55

3.2 Die Blutgefäße

Alle Blutgefäße, die vom Herzen wegführen, bezeichnet man als *Arterien,* alle Blutgefäße, die zum Herzen hinführen, als *Venen.*

- Die Gefäßwände der Arterien sind dick und enthalten Muskelfasern. Die elastische Arterienwand kann die Druckschwankungen, die das pumpende Herz erzeugt, durch Erweiterung und aktives Zusammenziehen ausgleichen. Wo Arterien knapp unter der Haut liegen, kann man die Druckwellen als *Pulsschlag* fühlen.
- Venen sind dünnwandiger und ohne dicke Muskelschicht. Taschenklappen in den Venen verhindern das Zurückfließen des Blutes. Wo Venen mit Muskeln benachbart sind, drückt jede Muskelanspannung die Vene zusammen und schiebt das Blut weiter. Wo Venen und Arterien zusammenliegen, unterstützt die Pulswelle den Bluttransport in der Vene. In der Nähe des Herzens wirkt sich zudem die Sogkraft bei der Diastole aus.

Die Blutgefäße verzweigen sich im Körper immer mehr und bilden schließlich ein Netz feinster Gefäße. In diesen *Blutkapillaren* werden Nährstoffe und Sauerstoff an das Gewebe abgegeben, Abfallstoffe und Kohlenstoffdioxid werden aufgenommen. Die Wände der Kapillaren bestehen lediglich aus einer einzigen Zellschicht. ↗ Atmung, S. 115

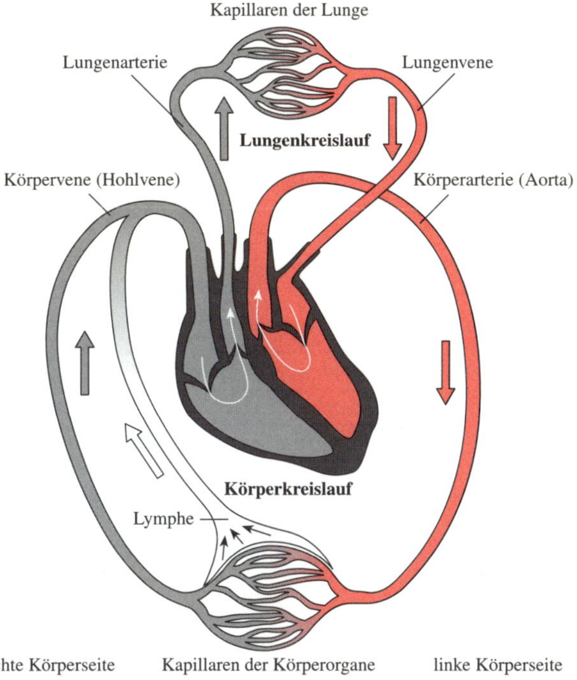

Blut- und Lymphgefäßsystem

3.3 Die Lymphgefäße

Blutflüssigkeit (Blutplasma) sickert durch die Poren der Kapillarwände in das Gewebe des Körpers. Diese *Zwischenzellflüssigkeit (Lymphe)* wird von Lymphgefäßen aufgenommen. Im *Lymphgefäßsystem* befinden sich *Lymphknoten,* in denen Krankheitserreger aus der Lymphe herausgefiltert werden. Die Lymphgefäße vereinigen sich im großen *Brustlymphgang,* der in die linken Schlüsselbeinvene mündet. Hier wird die Lymphe dem Blutkreislauf wieder zugeführt. ↗ Körperabwehr und Immunsystem, S. 122

3.4 Körperkreislauf und Lungenkreislauf

Der Körperkreislauf wird von der linken Herzhälfte angetrieben, der Lungenkreislauf von der rechten.

Körperkreislauf: Die linke Herzkammer pumpt sauerstoffreiches Blut in die große Körperarterie *(Aorta).* Von ihr gehen die Blutgefäße aus, die alle Organe durchbluten. Über die obere und untere Hohlvene gelangt das inzwischen sauerstoffarme Blut schließlich zum rechten Herzvorhof zurück.

Lungenkreislauf: Von der rechten Herzkammer wird das sauerstoffarme Blut nun zur Lunge gepumpt. Mit Sauerstoff beladen kommt es durch die Lungenvene über den linken Vorhof zur linken Herzkammer.

Alle Blutgefäße des Körpers sind miteinander verbunden und bilden ein in sich geschlossenes Blutgefäßsystem.

4 Blut

4.1 Aufgaben des Blutes

Die Aufgaben des Blutes sind:

- *Transport* der beiden Atemgase Sauerstoff und Kohlenstoffdioxid,
- *Transport* von Nährstoffen und Stoffwechsel-Endprodukten (Abfallstoffen),
- *Transport* von Wirkstoffen wie Hormonen und Vitaminen,
- *Transport* von Wärme zur Regelung der Körpertemperatur,
- *Abwehr* von Krankheitserregern und Fremdkörpern,
- *Schutz* vor Blutverlust durch Blutgerinnung.

4.2 Zusammensetzung des Blutes

Blut besteht aus Blutflüssigkeit (Blutplasma) und Blutzellen.

Blutplasma besteht zu 90 % aus Wasser. Die restlichen 10 % bilden verschiedene Eiweißstoffe, Fette, Traubenzucker (Glukose), Mineralsalze, Vitamine, Hormone, Abwehrstoffe gegen Krankheiten und Abfallprodukte des Stoffwechsels. Außerdem befinden sich im Blutplasma Gerinnungsstoffe. Blutplasma ohne Gerinnungsstoffe heißt *Blutserum.*

Blutzellen sind die *roten Blutkörperchen (Erythrozyten)*, die *weißen Blutkörperchen (Leukozyten)* und die *Blutplättchen (Thrombozyten)*.

- *Rote Blutkörperchen* transportieren Sauerstoff und Kohlenstoffdioxid durch den Körper. Sie enthalten den Blutfarbstoff *Hämoglobin*. Dieser kann Sauerstoff und Kohlenstoffdioxid an sich binden. Rote Blutkörperchen haben keinen Zellkern. Sie können die Wände der Blutkapillaren nicht durchdringen. ↗ Atmung, S. 115
- *Weiße Blutkörperchen* bilden das Abwehrsystem des Körpers gegen Krankheitserreger und Fremdkörper. Sie sind farblose Zellen mit Zellkern, aber ohne feste Gestalt. Weiße Blutkörperchen können sich wie Amöben fortbewegen und die Blutgefäße durch die Poren der Blutkapillaren verlassen. ↗ Körperabwehr und Immunsystem, S. 122
- *Blutplättchen* sind kleine Zellbruchstücke, die bei Verletzungen für den Verschluss der Wunden sorgen. Sie können die Kapillarwände nicht passieren.

4.3 Blutgerinnung

Bei der Blutgerinnung entsteht ein Wundschorf, der die blutende Wunde verschließt. Hieran sind eine Reihe von Stoffen beteiligt.

Folgende Vorgänge finden bei der Blutgerinnung statt:

- Mit dem Blut austretende Blutplättchen kleben an den Wundrändern fest.
- Blutplättchen setzen den Gerinnungsstoff *Prothrombin* frei.
- Über Zwischenstufen entsteht daraus das Enzym *Thrombin*.
- Thrombin lässt im Blutplasma gelöstes *Fibrinogen* zu *Fibrin* gerinnen.
- Fibrinfäden bilden ein engmaschiges Netz.
- Rote Blutkörperchen verstopfen das Netz und schließen die Wunde.
- Ein Wundschorf ist entstanden, es tritt kein Blut mehr aus.

Bei *Bluterkranken* fehlt einer der vielen Stoffe, die zur Thrombinbildung nötig sind.

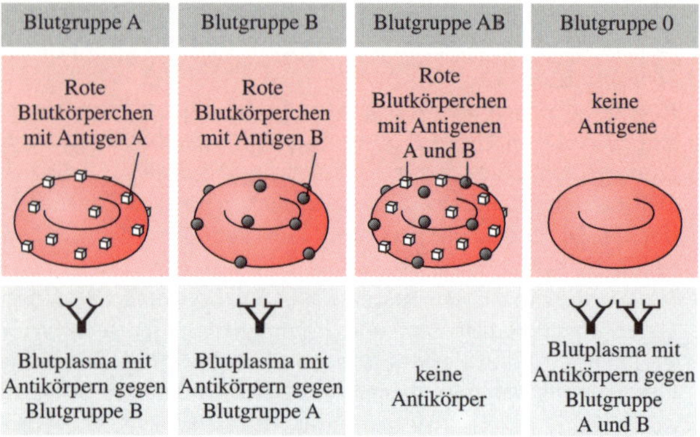

Blutgruppen und ihre Merkmale

4.4 Blutgruppen

Blutgruppenmerkmale beruhen auf zwei Gruppen von Molekülen:

- Auf der Oberfläche der roten Blutkörperchen befinden sich bestimmte Proteine, so genannte *Antigene.*
- Im Blutplasma befinden sich bestimmte Proteine, die man *Antikörper* nennt.

Nach dem Vorhandensein zweier bestimmter Antigene (A und B) auf den roten Blutzellen unterscheidet man die Blutgruppen A, B, AB und 0.

Mischt man Blut verschiedener Blutgruppen, kommt es zu einer Zusammenballung der roten Blutkörperchen *(Antigen-Antikörper-Reaktion).*

Die Abbildung zeigt, welche Merkmale die einzelnen Blutgruppen aufweisen.

4.5 Rhesusfaktor

Bei den meisten Menschen befindet sich auf den roten Blutzellen noch ein weiteres Molekül, das Antigen D *(Rhesusfaktor).* Menschen mit Antigen D nennt man rhesuspositiv (rh+). Fehlt der Rhesusfaktor, ist das Blut rhesusnegativ (rh-). Menschen ohne Rhesusfaktor besitzen zunächst keine Antikörper gegen das Antigen D, bilden diese aber nach Übertragung von rhesuspositivem Blut. ↗ Vererbung, S.47

Überlege: In einer einfachen Schemazeichnung lässt sich der Blutkreislauf darstellen. Unterscheide zwischen Lungenkreislauf und Körperkreislauf. Kennzeichne die Fließrichtung des Blutes.
Warum fördert körperliche Betätigung die Gesunderhaltung des Herz-Kreislauf-Systems?
Welche Risikofaktoren fördern die Entstehung von Herz-Kreislauf-Erkrankungen? Wie könnte ein vorbeugendes Fitness-Programm aussehen?

5 Atmung

5.1 Atemorgane

Bei der Atmung wird Luft durch Nase und Mund aufgenommen. Durch den Kehlkopf und die Luftröhre strömt sie in die Lunge.
Die *Nase* erwärmt, befeuchtet, reinigt und prüft die Luft.
Der *Kehlkopf* ist ein Stimmorgan, das mit Hilfe der Stimmbänder Laute erzeugen kann. Der Kehldeckel verschließt beim Schlucken die Speiseröhre.
Die *Luftröhre* verzweigt sich zu den Bronchien und weiter zu feinsten Bronchiolen. An deren Enden sitzen unzählige Lungenbläschen.
Zwei *Lungenflügel* füllen fast den gesamten Brustraum des Menschen aus.

5.2 Atembewegungen

Beim *Einatmen* vergrößern Rippenmuskulatur und Zwerchfellmuskulatur das Lungenvolumen. Luft wird eingesogen.
Beim *Ausatmen* erschlafft die Atemmuskulatur. Das Lungenvolumen wird dadurch verringert, die Luft ausgepresst.
Zwerchfellatmung (Bauchatmung) und *Rippenatmung* (Brustatmung) wirken zusammen.

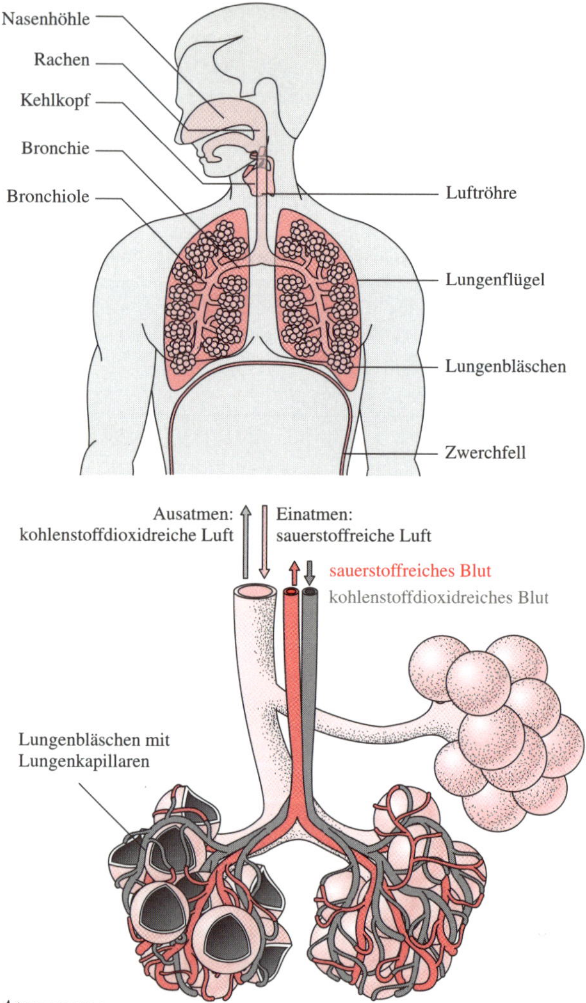
Nasenhöhle
Rachen
Kehlkopf
Bronchie
Bronchiole
Luftröhre
Lungenflügel
Lungenbläschen
Zwerchfell
Ausatmen:
kohlenstoffdioxidreiche Luft
Einatmen:
sauerstoffreiche Luft
sauerstoffreiches Blut
kohlenstoffdioxidreiches Blut
Lungenbläschen mit
Lungenkapillaren

Atemorgane

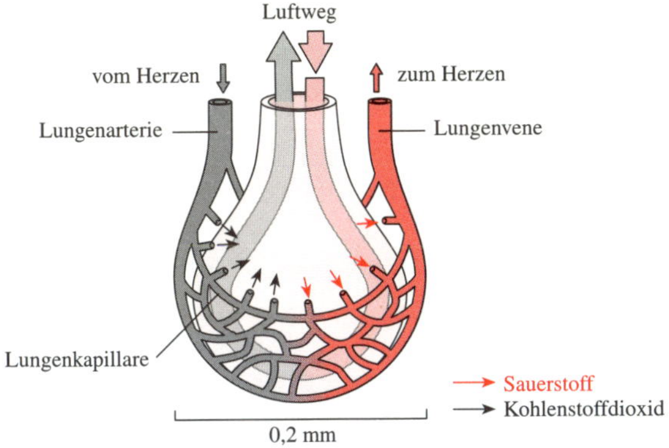

Gasaustausch in den Lungenbläschen

5.3 Gasaustausch

Zwischen den Lungenbläschen und den Lungenkapillaren findet der *Gasaustausch* statt. Dabei tritt mit der Luft eingeatmeter *Sauerstoff* aus den Lungenbläschen in die Lungenkapillaren über. Das Blut transportiert den Sauerstoff zu den Körperzellen. Von dort wird *Kohlenstoffdioxid* mit dem Blut zur Lunge transportiert. Hier tritt es von den Lungenkapillaren in die Lungenbläschen über und wird ausgeatmet.

Vernetzung: Chemie/Physik: Diffusion

Die Luft setzt sich zusammen aus 78 % Stickstoff, 21 % Sauerstoff, 0,9 % Edelgasen und 0, 03 % Kohlenstoffdioxid.

5.4 Zellatmung

Beim Abbau der Nährstoffe wird die in ihnen gespeicherte Energie schrittweise freigesetzt. Diese Energiefreisetzung erfolgt in den Mitochondrien der Zellen, der Vorgang selbst heißt *Zellatmung*. Man spricht auch von *innerer Atmung* im Gegensatz zur *äußeren Atmung*, womit der Gasaustausch in der Lunge bezeichnet wird.

Bei der schrittweisen Zerlegung der Nährstoffe entsteht unter Beteilung von Sauerstoff außer *Energie* auch *Kohlenstoffdioxid* und *Wasser.*

Für das Beispiel des Abbaus von Glukose entspricht der Gesamtprozess folgender Summengleichung:

$C_6H_{12}O_6 + 6\ O_2$	$\rightarrow$	$6\ CO_2 + 6\ H_2O$	*– 2.800 kJ pro Mol Glukose**
Glukose + Sauerstoff	$\rightarrow$	*Kohlenstoffdioxid + Wasser*	*freigesetzte Energie*

Vernetzung: Chemie

Die gewonnene Energie wird zunächst in kleinen energieübertragenden Molekülen gespeichert. Ein solches Molekül heißt *Adenosintriphosphat*, abgekürzt *ATP*. ATP ist der wichtigste Energieüberträger in den Zellen des Körpers. ↗ Muskelarbeit, S. 98

6 Ausscheidung

Abfallstoffe, die von der Leber und anderen Organen aus ins Blut gelangen, werden über die beiden *Nieren* ausgeschieden.

Das Nierengewebe besteht aus *Nierenrinde* und *Nierenmark.* In der Mitte liegt das *Nierenbecken,* das über den *Harnleiter* mit der *Harnblase* verbunden ist.

Nierenkörperchen in der Nierenrinde filtern *Primärharn* aus dem Blut. Aus ihm werden Wasser und noch zu verwertende Stoffe wie z. B. Traubenzucker und Kochsalz zurückgewonnen (rückresorbiert).

Tag für Tag werden etwa 170 l Primärharn zu etwa 1,5 l Endharn mit Harnstoff, Ammoniak, Kochsalz und anderen überschüssigen Stoffen konzentriert. Vom Nierenbecken gelangt der *Endharn* über den Harnleiter in die Harnblase und wird als *Urin* ausgeschieden.

Die Ausscheidung von nicht verwertbaren oder giftigen Stoffen erfolgt auch über die Lunge und die Schweißdrüsen der Haut.

** 1 Mol Glukose entspricht 180 g*

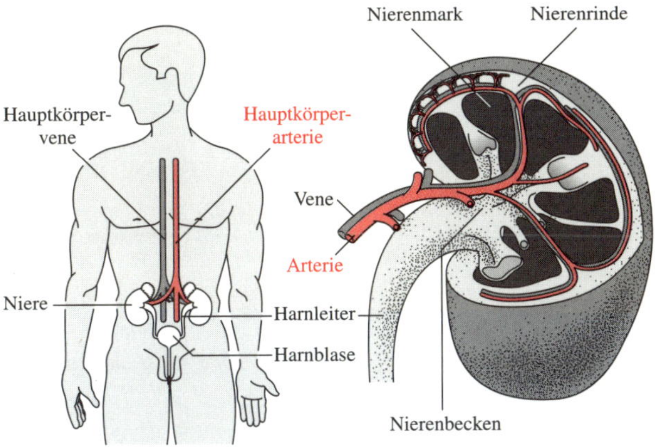

Lage und Bau der Nieren

7 Das Zusammenwirken der Organe

Überlege: Wie kann der Körper einen Dauerlauf durchstehen, wie eine Wanderung, wie einen Arbeitstag? Bei der Beantwortung dieser Fragen sollte klar werden, wie der Körper mit Energie versorgt wird, wo er Energiereserven speichert und wodurch die Muskulatur die benötigte Energie erhält.

Durch die *Aufnahme von Nährstoffen* decken wir den Energiebedarf des Körpers.
Die *Enzyme der Verdauungsorgane* zerlegen die Nahrung in kleinste Bauteile, die in Blut und Lymphe aufgenommen werden können.
Den *Transport* zu den Körperzellen übernehmen Blut- und Lymphgefäßsystem.
Durch *Zellatmung* werden die Nährstoffe mit Hilfe von Sauerstoff zu Kohlenstoffdioxid und Wasser abgebaut. Dabei entsteht Energie. Die Energie wird für die Aufrechterhaltung der Körperfunktionen und der Körpertemperatur verbraucht (Gesamtumsatz). ↗ Ernährung, S.101

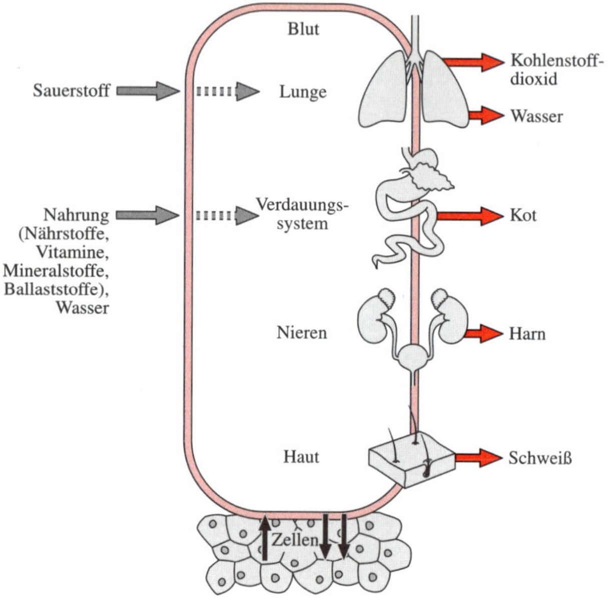

Ausscheidung

Überschüssige Energie wird als ATP, Glykogen und Körperfett *gespeichert,* die entstehende Körperwärme wird über *Wärmeabgabe* an die Umwelt reguliert.

Ausgeschieden werden Wasser und darin gelöste Abfallstoffe mit dem Harn, Kohlenstoffdioxid über die Lunge, Kochsalze und andere Stoffe über die Schweißdrüsen. Unverdauliche Nahrungsbestandteile durchlaufen das Verdauungssystem und gelangen als Kot wieder nach außen.

Körpereigene Abwehr

1 Gesundheit und Krankheit

1.1 Risikofaktoren – Gesundheitsfaktoren

Krankheiten werden zwar häufig durch Krankheitserreger ausgelöst, so genannte *Risikofaktoren* tragen aber häufig zum Ausbruch einer Krankheit bei. Zu den Risikofaktoren gehören vor allem Stress, falsche Ernährung sowie Zigaretten- und Alkoholkonsum.
Jeder kann seine Gesundheit selbst stärken. *Gesundheitsfaktoren* sind eine ausgewogene Ernährung, vernünftige Körperpflege, ausreichend Bewegung, Kenntnisse über die Bedürfnisse des Körpers, der Seele und des Geistes sowie Methoden zur Konfliktbewältigung und zum Stressabbau.

2 Krankheitsursachen

2.1 Infektionskrankheiten

Krankheiten, die durch Erreger ausgelöst werden, nennt man Infektionskrankheiten. Eine *Ansteckung (Infektion)* kann durch Viren, Bakterien, Pilze, Einzeller und Würmer hervorgerufen werden.
Krankheitserreger schädigen den Körper vor allem durch Giftstoffe *(Toxine)*. Die Zeitspanne von der Infektion bis zum Auftreten der Beschwerden nennt man *Inkubationszeit*. Die typischen Anzeichen einer Krankheit heißen *Symptome*.

Während alte Seuchen wie Pest, Tuberkulose, Cholera und Pocken bei uns weitgehend zurückgedrängt wurden, sind andere Seuchen auf dem „Vormarsch“. So erkranken bei Fernreisen auf Grund mangelnder Schutzimpfungen immer mehr Menschen an Malaria.

2.2 Zivilisationskrankheiten

Umweltbelastungen und eine falsche Lebensweise können ebenfalls Krankheiten auslösen. Hierzu zählen u. a. Atemwegsbeschwerden, Allergien sowie Herz- und Kreislauferkrankungen.
Lang andauernde seelische Konflikte (Überbelastung, Ärger, Wut, Trauer, Einsamkeit) können *psychosomatische Erkrankungen* verursachen. ↗ Vegetatives Nervensystem, S. 73

3 Körperabwehr und Immunsystem

3.1 Allgemeiner Schutz

Unser Körper verfügt über verschiedene Abwehrmechanismen.

- Den *äußeren Schutz* bildet die Haut.
- *Flimmerhaare* der Schleimhäute transportieren Krankheitserreger aus den Bronchien.
- *Magensäure, Speichel* und *Tränenflüssigkeit* wirken desinfizierend, sie töten Erreger.
- Bestimmte weiße Blutkörperchen, die *Fresszellen (Makrophagen* oder *Phagozyten),* umschließen Erreger und lösen sie auf.

3.2 Spezifische Abwehr

Neben den Fresszellen sind weitere weiße Blutkörperchen an der Abwehr beteiligt: die *Lymphozyten.* Sie bilden die *spezifische Abwehr.* Diese spezifische Abwehr wird auch als *Immunsystem* bezeichnet und von der unspezifischen allgemeinen Körperabwehr unterschieden.
Anders als die Fresszellen reagieren die Lymphozyten nur auf bestimmte (spezifische) Erreger. Dabei wirken die Erreger oder Teile von ihnen als so genannte *Antigene.*

Dringen Erreger in den Organismus ein, müssen die jeweils benötigten Lymphozyten zuerst vermehrt werden.

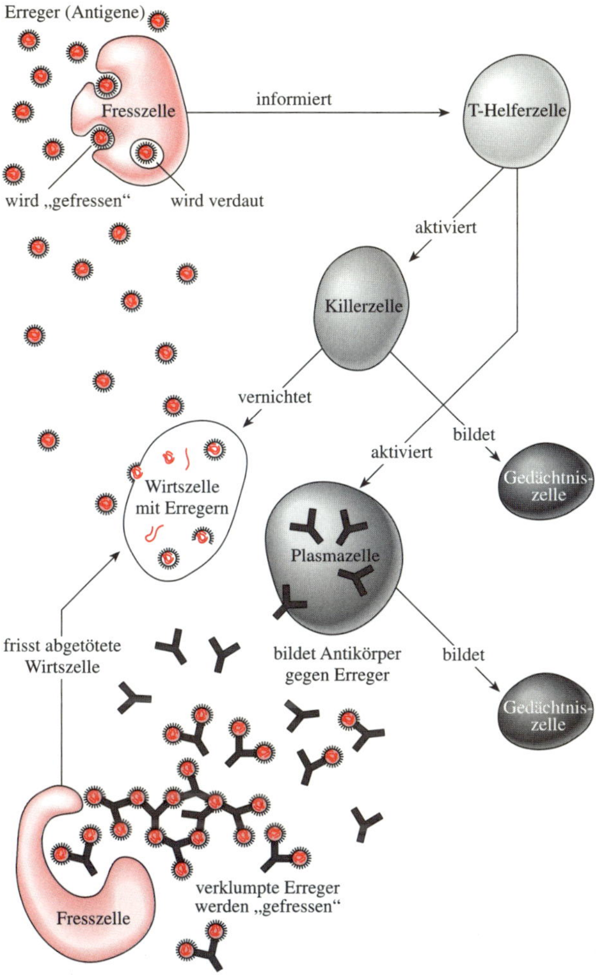

Schema der Immunreaktion

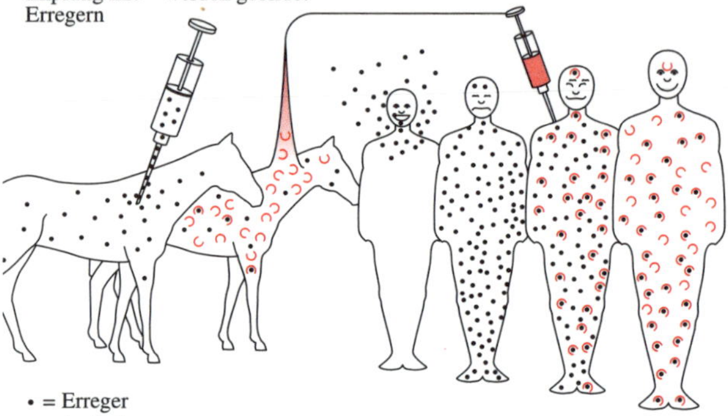

Passive Immunisierung

- Es entstehen bestimmte *T-Lymphozyten (Killerzellen),* die in Körperzellen eingedrungene Erreger (Antigene) vernichten.
- Außerdem entstehen *B-Lymphozyten (Plasmazellen)*, die spezifische Antikörper gegen die Erreger bilden. Die Antikörper heften sich an die Antigene. Der Antikörper-Antigen-Komplex kann von den Fresszellen leichter aufgenommen und aufgelöst werden.
- Bestimmte T-Lymphozyten werden zu *T-Helferzellen,* die die Plasmazellen zur Vermehrung veranlassen.
- Andere T-Lymphozyten und Plasmazellen bleiben als *Gedächtniszellen* viele Jahre erhalten. Bei einem erneuten Kontakt mit dem Antigen vermehren sie sich rasch und verleihen dem Körper *Immunität* gegen den Erreger. Die Krankheit bricht erst gar nicht aus.

Alle weißen Blutkörperchen (Leukozyten) gehen durch Teilung aus Stammzellen im roten Knochenmark hervor. An verschiedenen Stellen des Körpers reifen sie dann zu den unterschiedlichen Typen heran. ↗ Bewegungssystem, S. 91

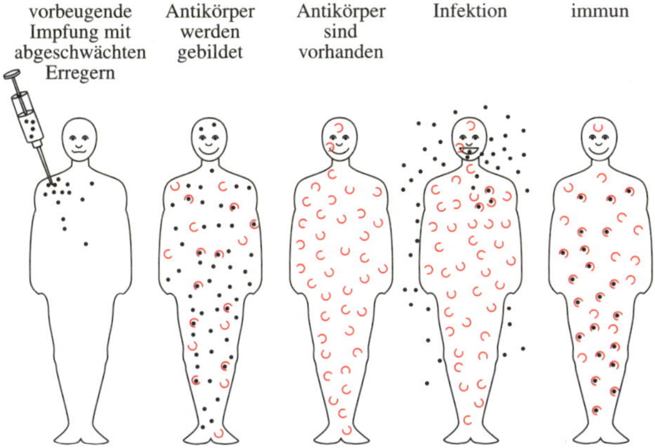

Aktive Immunisierung

4 Passive und aktive Immunisierung

4.1 Passive Immunisierung

Bei der passiven Immunisierung wird ein Heilserum geimpft, das fertige Antikörper gegen einen ganz bestimmten Krankheitserreger enthält. Diese Antikörper werden meist aus dem Blutserum von Tieren gewonnen. Die passive Immunisierung unterstützt den Heilungsprozess und bildet einen schnell einsetzenden Schutz, der jedoch nur kurze Zeit anhält.

4.2 Aktive Immunisierung

Die aktive Immunisierung (Schutzimpfung) wird zur Vorbeugung gegen bestimmte Infektionskrankheiten angewendet. Dazu impft man abgeschwächte bzw. abgetötete Erreger oder deren Toxin (Antigene). Der menschliche Organismus bildet nun selbst Antikörper und Gedächtniszellen zur Abwehr dieser Antigene. Bei manchen Krankheiten hält dieser Schutz das ganze Leben, bei anderen muss der Impfschutz im Abstand von mehreren Jahren wieder aufgefrischt werden.

Überlege: Die Bildung von Gedächtniszellen bei der aktiven Immunisierung bewirkt einen lang anhaltenden Impfschutz. Was geschieht bei erneutem Kontakt mit demselben Erreger?

4.3 Heilmittel

Antibiotika sind Heilmittel, die aus Pilzen bzw. Mikroorganismen gewonnen werden und die Vermehrung von Bakterien hemmen ohne die Körperzellen des Menschen zu schädigen.
Chemotherapeutika sind chemische Verbindungen, die Krankheitserreger abtöten bzw. ihre Vermehrung hemmen.
Die *Naturheilkunde* versucht die Selbstheilungskräfte des Körpers zu stärken.

5 Versagen der Körperabwehr

Es gibt verschiedene Krankheiten, bei denen die Abwehrmöglichkeiten des Körpers überfordert ist.

5.1 AIDS

AIDS (Acquired Immune Deficiency Syndrome) ist eine erworbene Abwehrschwäche. Der Erreger, das HI-Virus (Human Immuno-Deficiency Virus) wird mit Körperflüssigkeiten wie Blut und Sperma übertragen. Hauptübertragungswege sind daher Geschlechtsverkehr ohne Kondom und die gemeinsame Verwendung von Injektionsspritzen bei Drogenabhängigen.
Die HI-Viren befallen die T-Helferzellen. Deren Anzahl verringert sich mit der Zeit. Mit einer zu geringen Zahl von T-Helferzellen bricht die körpereigene Abwehr zusammen. Verschiedene Infektionen können sich jetzt im Körper ausbreiten und führen schließlich zum Tod.
Das Krankheitsbild AIDS tritt oft erst viele Jahre nach der Infektion mit dem HI-Virus auf.

Überlege: Verfolgt man in der Abbildung auf Seite 123 das Zusammenwirken der verschiedenen Faktoren bei der Immunreaktion, so wird deutlich, warum das Immunsystem ohne T-Helferzellen schließlich versagt.

5.2 Allergien

Eine Allergie ist eine übermäßige Abwehrreaktion des Organismus auf eigentlich harmlose Stoffe. Solche allergische Reaktionen auslösenden Stoffe (Allergene) können Blütenstaub, Tierhaare, Chemikalien, Nahrungsmittel und vieles andere sein. Verzehr, Einatmen oder Berühren eines Allergens kann die Allergie auslösen.

Bei Kontakt mit dem Allergen setzen dann bestimmte weiße Blutkörperchen u. a. das Hormon *Histamin* frei. Histamin erweitert die Blutgefäße, lässt die Schleimhäute anschwellen und verengt die Bronchien.

5.3 Krebs

Bösartige Geschwülste, bei denen sich die Zellen ungehemmt vermehren und auch umliegendes gesundes Gewebe zerstören, werden als Krebs bezeichnet. Gelangen Krebszellen in die Blut- und Lymphbahn, können sich an anderen Stellen des Körpers *Tochtergeschwülste (Metastasen)* bilden.

Normalerweise werden Krebszellen von den zu Killerzellen umgewandelten T-Lymphozyten bekämpft. ↗ Spezifische Abwehr, S. 122

Auslösende Faktoren für eine Krebserkrankung können sein: chemische Substanzen (z. B. im Zigarettenrauch), energiereiche Strahlung (z. B. UV-Licht), bestimmte Viren u. a.

Zukunft des Menschen

1 Weltbevölkerung und Ernährung

Heute leben rund 5,5 Milliarden Menschen auf der Erde. Jedes Jahr wächst die Menschheit um etwa 95 Millionen.
In vielen Entwicklungsländern ist die Ernährung der rasch wachsenden Bevölkerung nicht mehr gesichert. Rund 500 Millionen Menschen hungern. Trotz gewaltiger Steigerung der Nahrungsmittelproduktion wird die Versorgung u. a. auf Grund des Bevölkerungswachstums kaum besser.

2 Umweltbelastung

Der Mensch verändert die Umwelt in seinem Sinne. Neben Chancen birgt dies aber auch Gefahren. Viele Eingriffe des Menschen gefährden die Ökosysteme Luft, Boden, Gewässer und Wald.
Durch *Intensivlandwirtschaft, Müllverbrennung* und *Mülldeponien,* durch *Industrie* und *Verkehr* werden u. a. Giftstoffe freigesetzt, die über die Nahrungskette und die Atemluft vom menschlichen Organismus aufgenommen werden.
Der größte Teil der *Luftschadstoffe* stammt aus der Nutzung *fossiler Energieträger* wie Erdöl und Kohle. Das bei ihrer Verbrennung frei werdende Schwefeldioxid gehört zu den Hauptverursachern des *Waldsterbens.* Das frei werdende Kohlenstoffdioxid kann durch den *Treibhauseffekt* wesentlich zu einer möglichen Klimaveränderung beitragen.
Der *Boden* ist als landwirtschaftliche Nutzfläche die Hauptgrundlage unserer Ernährung. Durch Verbauung und Abtragung ist er zunehmend gefährdet.

Trinkwasser ist unser wichtigstes Lebensmittel. Ein steigender Wasserverbrauch zwingt zu verantwortungsvollem Umgang mit dieser Lebensgrundlage. Noch gefährden zahlreiche Schadstoffe Grund- und Oberflächenwasser, aus denen Trinkwasser gewonnen wird.

3 Artenschwund

Tropische Regenwälder sind als Klimaregulatoren und als Reservoire zahlreicher Pflanzen- und Tierarten für die Menschheit unentbehrlich. Durch Abholzung (Verkauf von Tropenholz, Gewinnung von Acker- und Weideland) ist der Regenwald bedroht. Auch die *Ausbeutung der Weltmeere* durch industriemäßigen Fischfang trägt dazu bei, dass auf der Erde täglich zahlreiche Arten unwiederbringlich verloren gehen.

Immer mehr Menschen fordern eindringlich *Ehrfurcht vor der Schöpfung*. Sie bezweifeln das Recht des Menschen, sich die Erde in dem Maße untertan zu machen, dass dabei die Ausrottung zahlreicher Arten in Kauf genommen wird.
→ **Vernetzung:** Religion, Ethik

4 Gentechnik

Unter Gentechnik wird der *Eingriff in das Erbgut* von Lebewesen verstanden. Dabei werden fremde Gene in Zellen anderer Lebewesen übertragen. ↗ Vererbung, S. 28
Mit Hilfe der Gentechnik lassen sich Organismen mit neuen Eigenschaften züchten. Erbkrankheiten können so in der Zukunft vielleicht ausgerottet werden.
Heute wird Gentechnik in den Bereichen Züchtung, Heilmittel- und Impfstoffgewinnung bereits angewandt. Gentechnisch veränderte Nutzpflanzen sind z. B. gegen Pilze und Viren widerstandsfähiger, gentechnisch veränderte Nutztiere können zur Heilmittelgewinnung eingesetzt werden.
Die *Risiken der Gentechnik* sind jedoch schwer abzuschätzen. Daher wird weltweit versucht verbindliche gesetzliche Grundlagen für die Anwendung der Gentechik zu entwickeln.

5 Hoffnung gegen Verzweiflung

Zahlreiche Industrie- und Entwicklungsländer haben sich in mehreren internationalen *Umweltkonferenzen* verpflichtet, künftigen Generationen eine lebenswerte Umwelt zu erhalten. In weiten Teilen der Erde ist ein kritisches *Umweltbewusstsein* entstanden. Politiker, Wissenschaftler und Umweltschützer diskutieren, wie eine Zerstörung des Lebensraums Erde, der *Biosphäre*, verhindert werden kann.

Es bleibt zu hoffen, dass die Weisheit des Menschen dazu ausreicht.

→ **Vernetzung:** Sozialkunde, Politik, Erdkunde

Stichwortverzeichnis